微营销

微商语录

郜昌宝◎编著

中国电影出版社

图书在版编目（CIP）数据

微商语录 / 郜昌宝编著 . -- 北京：中国电影出版社，2017.2

ISBN 978-7-106-04650-7

Ⅰ . ①微… Ⅱ . ①郜… Ⅲ . ①网络营销–通俗读物 Ⅳ . ① F713.36-49

中国版本图书馆 CIP 数据核字（2017）第 013517 号

责任编辑：纵华跃
封面设计：元明设计
版式设计：范　磊
责任校对：蔡　践
责任印制：庞敬峰

微商语录
郜昌宝　编著

出版发行：中国电影出版社（北京北三环东路 22 号）邮编 100013
电话：64296664（总编室）　64216278（发行部）
E-mail：cfpygb@126.com
经　　销：新华书店
印　　刷：三河市兴国印务有限公司
版　　次：2017 年 5 月第 1 版　2017 年 5 月北京第 1 次印刷
规　　格：开本 / 710 × 1000 毫米　1/16
印张 / 18　　字数 / 240 千字

书　　号：ISBN 978-7-106-04650-7 / F · 0030
定　　价：36.80 元

前言

Preface

在新的互联网技术变革下，微商以及微商运营活动的异军突起，除去客观形势的助推作用之外，还与其自身灵活多变、简洁高效的经营方式有着莫大的关系。

众所周知，从事商业活动的目的是为了获取一定的利润，在利用一切可以利用条件的基础上寻求最佳的商业模式。但商业模式千变万化，各有其特征和不同，那么什么样的商业模式才是最好的呢？显而易见的是，能够以简约化、效率化的商业模式来参与市场竞争，无疑是最佳的经营方式，而微商正迎合了这一特征，以其简约、高效的个性赢得消费者的青睐。

微商的成功，既是应和时代变迁的客观需要，也与自身的创新发展密不可分，创新是一个厚积薄发、水到渠成的过程，在反思中寻求最合适、最科学的商业模式。正如乔布斯所说的那样："领袖和跟风者的区别就在于创新。创新无极限！只要敢想，没有什么不可能，立即跳出思维的框框吧。如果你正处于一个上升的朝阳行业，那么尝试去寻找更有效的解决方案：更招消费者喜爱、更简洁的商业模式。"

微商经营者善于创新，也敢于创新，能够在立足于客户的基础上去开创各种新颖独特的营销活动，做到常变常新，所以才深受消费者的喜爱，也使得微商这一商业模式一路风雨走来，最终成为这个时代营销领域上一道靓丽的风景。

目前，关于微商方面的图书教材有很多，我也拜读过很多，就我个人的读后感受而言，大多都太注重于形式，长篇大论，一本书中真正实用的东西太少。为此，我想是不是结合我之前的经验，写一本“干货式”的关于微商的图书？自从有了这个想法之后，就一直策划运用哪种风格去展示，做了很多方案，最终决定采用“语录”的方式。这种方式的优势在于能够让大家在一两句话中就明白理解其中的要点，在互联网快节奏的时代，也算是顺应了大家的阅读习惯。

大浪淘沙之下，方见真金璀璨，在时代浪潮的冲击洗礼下，微商依然以其自身的内在规律稳健运行，并不因为人的自我意志而有所转移和改变。它作为一种新型的商业模式，正以其无穷的活力和生机介入到人们的消费活动中去，并为之增添灿烂多姿的色彩，呈现出一片方兴未艾的欣欣向荣景象。

本书分为三大部分：一是微商营销运营篇；二是微商沟通成交篇；三是微商问候激励语录。从营销模式的打造，一直到自我以及客户的激励，有具体的方法可以作为实战的借鉴，也有振奋人心的话语激励，涵盖了微商运营和营销的方方面面，具有较强的现实指导意义。尤其是文中对于成交沟通话术的总结，更有强烈的现实针对性。希望大家能够通过这本至简至明的拙作，进一步深入了解微商，提升微商运营技巧，让自己成长。

目录

Contents

上篇：微商营销运营

中篇：微商沟通成交

下篇：微商问候激励

上篇
微商营销运营

< weishang yunying yulu >

1

微商运营语录

◆ 微商拥有和其商业模式一样的本质内核，同时又因自己独特的个性而被人称道。

◆“微商”二字，“微”在前，“商”在后，“微”是对其规模、类型的概念化定义，“商”是对其性质状态的一种界定。

◆ 微商是一种别有的经营模式，只要言“商”，就一定有自己独特的内在。

◆ 事物的发展总是从初级到高级，从不完善到完善，这是一个过程，微商的发展也不例外。微商已经从前期的粗放式发展进入了自我完善期。

◆ 微商是当今时代营销领域中一道靓丽的风景，是一种合理的存在，其发展前景无限光明。

◆ 微商运营的商业模式，将成为影响人们消费生活的一个重要方面。

◆ 微商与其它商业模式相比，符合消费者实际消费心理的发展趋势，具有更强大的生命力和竞争力。

◆ 移动互联网的快速发展使微商也在不断发展，但无论怎么变都离不开商业的本质。只要能够持续不断地满足消费者，诚信经营，确保产品质量，微商一定不会被淘汰。

◆ 微商不等于微信，微信只是微商的一种。

◆ 人人都可以做微商，但并不是人人都可以做好微商。只有理性的把握自己，把握所处的这个商业环境，才有可能获利。

◆ 你是否拥有甄选、推出商品的能力，是微商运营的关键要素。

◆ 任何自由都是相对的，做微商也一样，在其“自由”中也存在“不自由”。

◆ 从事微商运营工作，要学会合理规划，有效利用碎片时间。要想工作有效率，就得有节奏、有计划，早上起来要规划好一天要做的事，然后严格落实执行。

◆ 端正心态，吸取正能量。要注意多学习，多吸收正能量，不断地充实自己、提升自己、完善自己。

◆ 微商虽然出现的时间短，但因其抓住了商业发展与社交结合的契机，以其特有的属性迅速地占领了移动社交网络。

◆ 微商之所以能够异军突起，其原因就在于随着移动互联网技术的发展，自媒体平台的组建，大大降低了消费者的参与门槛，每一个潜在客户都能够通过手中的移动终端设备参与到产品整个销售流程中去。

◆ 微商就是利用移动终端，聚合社交媒体进行的商业活动。

◆ 微商具有高度的传播性、互动性和聚类性。

◆ 和电商基于“货”的营销模式不同，微商是基于人际关系的营销模式，其根基是人与人之间的互相信任。

◆ 微商所具有的商业价值是其一直受人青睐的重要原因。

◆ 微商进入门槛低，具有“裂变”的能量。

◆ 微商交易方便。在交易方面，微商相比传统电商，交易更加方便。

◆ 微商信息传播快，成交转化率高。

◆ 微商是一种主动式营销，微商重新塑造了商家和客户的关系。

◆ 微商是一种需要建立长期信任的商业模式，是在移动互联网时代基于移动 PC 端和社会媒体建立起来的一种信任经济。微商成功的核心是基于信任的口碑相传。

◆ 维系老客户，开发新客户，不断巩固彼此之间的信任关系，自然能形成持续的购买力量。

◆ 微商运营需要注意推广策略。一是内容上的推广，二是渠道上的推广。特别在推广渠道上要注意内外兼顾。

◆ 微商运营要懂得影响力的重要性，影响力决定吸引力，吸引力决定购买力。

◆ 微商想要长期经营下去，必须采用一种有效、长期、实用、亲和的方式。这在本质上和传统的商业运营规律是一致的，重点解决人与人、人与产品、产品与需求、产品与文案、设计之间的问题。

◆ 经营微商要注意粉丝的数量和质量。数量固然重要，但质量不容忽视。

◆ 微商拥有众多粉丝不代表其拥有众多客户，要注重粉丝的质量。

◆ 吸引流量是微商营销的第一步，多加粉是正确的做法，但很多微商把时间、精力、金钱都固定在了第一步，就得不偿失了。

◆ 学会筛选精准粉丝。

◆ 微商经营者要对其产品进行个性化定制和服务。在这个全民皆商的时代，市场上的产品供应远远大于需求，带有个性化的定制和服务的产品才能在其中脱颖而出。

◆ 微商如果想进一步发展壮大，就要树立个人品牌，打响知名度。

◆ 塑造品牌要从一个好听、好记的名号入手。另外，还要在店铺设计、产品展示、用户体验、流量引入渠道、在线客服等方面进行品牌化建设。

◆ 运用创业故事、产品故事等励志素材，是提升微商个人品牌及产品品牌知名度的好方法。

◆ 随着互联网的高速发展以及各种自媒体的崛起，其形成的自身特有的社会形态、关系和内容决定了“去中心化”将是网络发展的大势所趋。

◆ 微商的去中心化不是没有中心，而是中心众多，其每一个节点都可成为中心，每个中心在某个特定的阶段都会对整个系统的发展起到推动作用。

◆ 每个微商都通过自己的推广手段去寻找、开发客户资源，这是微商去中心化的另一个突出特点。

◆ 微商要把自己线上线下的活动和产品做精、做专，引导潮流，建立朋友圈内的稳固的信任关系，才能促进交易达成。

◆ 微商与主流的电商模式，如淘宝、京东、聚美优品等平台不同，第一个区别在于微商是一种去中心化的商业模式，第二个区别在于微商是一种去流量化的商业模式。

◆ 微商的去流量化是以人与人之间的信任为中心的。

◆ 人人创业，人人经商，微商让一些优秀的产品共分享。

◆ 微商的去品牌化并不是说那些知名品牌就没有了品牌价值，而是通过微商这种模式，给了那些非知名品牌与知名品牌平等的机会。

◆ 微商具有四大属性——社交属性、移动属性、管道属性和自媒体属性。

◆ 微商的社交属性也是微商最核心的属性，经营好了社交关系，产品自然有了广阔的销路。当然，如果想要长期经营下去，产品质量得够"硬"。

◆ 一对一的营销模式以及众多微信公众号的运营，使产品及服务的宣传集中推向特定的客户群体，在定向的沟通中更具针对性，更加贴近消费者的需求。微商的这种管道属性目的性更强，定位客户更精准，客户质量更高，能显著提高经营成果。

◆ 微商的宣传思维大致可分为五点：即经营自媒体、发展社群、维系朋友圈、基于微信公众号、利用社会化媒体。

◆ 社群的发展为商家的"熟人经济"、口碑宣传起到了推动作用，通过“圈子”把志同道合的人联系在一起，增加了客户附着性，同时也进一步精分了客户。

◆ 社会化的媒体如微博、论坛、陌陌等，上面有大量的用户，这些都可作为微商店铺的碎片化入口。微商利用这些平台进行推广宣传，提高产品知名度，让客户找上“门”来。

◆ 微信公众号的出现为积累粉丝提供了平台。微商通过推出有价值的信息可有意识地把粉丝进行初步分类，把较高质量的潜在用户吸引过来。

◆ 基于经营的平台对微商进行分类，可大致分为三类，即平台微商、C2C 微商、第三方服务型微商。

◆ 微商借助“好货”“奇货”，以“独家”“首发”“一手”等手段，借助各种平台，能够打造出不少网络爆款。

◆ 微商宣传推广不是刷存在感，而是要引领一种价值，传播一种价值。

◆ 微信商家要避免无脑的、暴力的宣传方式，确立微商不等于刷屏卖货的理念，懂得卖货要讲究方法策略的观念。

◆ 刷屏要有技巧：广告要少而美；产品植入方式要“软”。

◆ B2C 模式对于微商来说是一种新的销售模式，可以为加盟商提供新的营销思路，也可以给消费者信心保障。

◆ B2C，即 Business-to-Customer，中文意思是“商对客”，即供应商直接把商品卖给用户的一种新的商业零售模式。

◆ 虽然 B2C 销售模式已经发展完善，但 B2C 微商模式并未完全成熟，它是未来微商的发展方向。

◆ 个性化的 C2B 模式前景广阔，既满足了消费者多元化的需求，也满足了消费者个性化的需求。

◆ C2B（Consumer to Business），中文译为消费者到企业，它是在互联网经济刺激下产生的一种新的商业模式。C2B 模式的一般运行机制通俗来讲，就是我们所谓的“约”。

◆ 微商的强社交属性及信息传播快的特点使微商的经营特点显现出以消费者为导向的特点，微商能够通过社交渠道快速聚集“小而美”的产品。

◆ 独特、快捷的销售网络组建让微商 c2c 模式对于传统网络的 c2c 模式更具有优势性。

◆ C2C (Customer to Consumer)，是发生于个人与个人之间的电子交易，即自己把东西直接放到网上去卖，产品终端也是个人。

◆ 微商的信用是用购买率显示的，完全真实可靠。

◆ 微商的 O2O 模式更显灵活：只须在网上寻找消费者，然后将他们带到自己的微店中。

◆ O2O 模式线下实体与互联网有机结合在了一起，使互联网成为线下交易的业务部门。

◆ 微商的直销模式必须包含两个要素：优质的产品和高质量的服务。

◆ 直销模式应具备三要素：即公众消费意识，建立与形成一对一关系，现场展示与焦点促销。

◆“电购微商”模式，即电视购物，主要有两种模式：电视直销模式和家庭购物频道商业模式。

◆ 分销模式最重要的就是分享和推荐。

◆ 因其独特的方式和广阔的发展空间，越来越受到微商们的青睐。微商三级分销模式必将大火。

◆ 微商 F2C 商业模式的发展将会净化商业环境，减少伪劣商品对消费者、对诚信企业的利益损害，同时也会改变、减少企业的渠道成本，在某种程度上还可以减少渠道霸权主义对社会财富造成不公的危害。

◆ 强有力的线下产业支撑、有效的全程品控、快速的市场反应是微商 F2C 模式最大的优势。

◆ 混合模式即各种赚钱模式的混合运用。如何组合才能达到最佳效果，要因时、因地制宜。

◆ 代理模式是目前商品成交量最高的模式，采用此种模式的大多是经营化妆品和面膜产品的微商。

◆ 直营模式，就是自己卖产品。这种形式的微商一般都有一定的销售经历，知道朋友圈推广的技巧，也有了一些客户基础。

◆ 淘宝和朋友圈可结合利用，只要用得好，就能带来效益。

◆ 品牌模式中的品牌是无形的商品，有助于产品溢价和增值。

< weishang xinmeiti yulu >

2

微商新媒体语录

◆ 微商运营的平台是自媒体，没有自媒体，就没有微商，做不好自媒体，自然也做不好微商。

◆ 微商的兴起和新经济、新技术的变革活动密不可分，和时代发展同频共振，是时代变迁的必然结果。尤其是随着移动互联网技术的发展和自媒体平台的出现，微商这一商业模式好比是雨后春笋一般，在合适的气候和土壤之下茁壮成长，得到了迅猛的发展，有着无穷的活力和生机。

◆ 移动互联网技术的发展，使得人与人之间的联系变得紧密起来，观察生活，越来越多的人们喜欢自媒体这一新型互联网媒体的原因，除了方便、快捷之外，还能够从中收获到无数的信息，也正是信息将大家聚合成了一个个不同类型的群体，融入其中而获得自身需要的知识、技术和乐趣。

◆ 微商具有自媒体属性。自媒体因其具有大量的粉丝和巨大的影响力等天然属性，在引导和推广宣传上颇具优势。

◆ 微商的自媒体属性增加了自有品牌的宣传节点，个人节点和平台节点的这种宣传作用突显了微商的自媒体属性，实现了微商宣传网的精准扩张。

◆ 做微商的基本准则是：构建信任。李嘉诚曾说："一个人良好的信誉，是走向成功不可缺少的前提条件。"在任何时候，诚信是做生意的根本，因为有了诚信，才会产生彼此的信任，做微商依然如此。

微营销不是说服，而是构建信任。任何自媒体及其平台都要遵循这一规律。

◆ 自媒体微商创业最大的好处就是门槛低，只要敢想，任何人都可以打开“门”做生意。

◆ 利用自媒体创业已然不再陌生，现实生活中有很多人都在运用自媒体创业，而且已经成为了一种新的时尚。

◆ 自媒体的构建需要一点点的积累，不可能像明星名企一样一蹴而就。只有粉丝达到一定的程度与热度，才会有好的效果。所以，用自媒体创业通常需要一个较为漫长的过程。

◆ 利用自媒体创业刚开始会有一些困难，但是当你把渠道打开之后，便会容易很多。

◆ 微商正朝着去中心化、去流量化、去品牌化的方向发展，如何让自己的产品、服务为大众所知、所信赖，只能靠自己去推广、营销，即自媒体化。

◆ 自媒体本身所具有的营销功能，能够为创业者起到很好的推广宣传作用。

◆ 自媒体的存在让无数视频或段子有了充分流动传递的空间，所以当我们看到这些能够让人会心一笑的视频、段子时，就应当立即将这些内容转发到自己的朋友圈，以分享赢得粉丝的关注和参与。

◆ 分享小视频或段子，一定要把握两个原则：一是必须新鲜有趣；二是切忌低俗不健康。

◆ 自媒体的发展也使得手游产业进入了勃发的春天，获得了前所未有的机会。所以善于分享一些小游戏，以此来吸引粉丝的关注并开展深度互动，显然是一件非常有效的方式。

◆ 有些人认为，微商就是在微信朋友圈中卖产品，这是一种狭义的认识。微商借助的是自媒体平台，也就是说，通过一些自媒体平台销售产品。而微信只是自媒体平台的一种。

◆ 微商发展需要的是口碑，需要的是流量，需要的是自媒体。

◆ 自媒体的平台主要是各种社交媒介，如论坛、微博、微信、QQ、博客等，是由个人主导的面向大众的或特定个人或人群的一种集信息生产、传播、共享、积累为一体的兼具私人化、公开化、普泛化特性的一种网络交流方式。

◆ 自媒体时代，人们受主流媒体的影响逐渐减少，每个人在获得某项资讯时会做出自己的判断，微商的进一步发展正是得益于其自媒体营销策略。

◆ 在微商的发展趋渐于成熟之时，由于微商的去流量化特性，它依赖于自媒体的力量进行营销是必然趋势。微商进行自媒体营销时，要抓住以下两大核心要素。第一，确定放在自媒体平台上的内容。你要不厌其烦地总结、归纳、提炼有价值的内容。这是一个循序渐进的过程，要坚持，执行力要强。

◆ 微商做自媒体一定要做好推广，利用各个渠道，不要怕麻烦，这是提升人气和流量的关键。

◆ 微商的快速发展与智能手机的硬件支持密不可分，在这个手机媒体时代，引发的商机多不可数。

◆ 事物的发展总是出乎人的意料，谁能想到一部小小的手机可以改变商业世界的生态状况呢？随着智能手机的发展，拥有了一部手机，你就拥有了一个世界。

◆ 在微商时代，你不必天南海北地跑市场就有大量的货源等你选择、大量的客户甄选你的商品；没有雄厚资本，不善口才也可以成就大业，这是手机自媒体赋予当今时代的我们的一大便利。

◆ 微商不是因为智能手机才出现的，但是智能手机的出现却成就了微商。

◆ 智能手机的出现，使各种软件、APP 会聚于一部手机之中。一机在手，万事可成，手机成了人们离不开的工具，各种交流可随时随地在手中进行，节约了时间，提高了效率，手机媒体的力量不言而喻。

◆ 微商的稳定发展离不开自媒体营销，微商做自媒体营销是大势所趋。

◆ 随着互联网科技的高度发达以及智能手机的普遍应用，每个人都成为一个自媒体中心。

◆ 自媒体的发展，使得人们不再单一被动地接受来自报纸、电视等传统媒体的信息、观点、结论，而是成为信息的提供者、参与者，利用微博、博客等自媒体平台发表自己的见解、主张。

◆ 鉴于人们使用的自媒体工具各有不同，微商在进行营销时，可采用多样化的自媒体营销策略。

◆ 金杯银杯不如客户的口碑，利用自媒体的圈子和社群功能，把广大粉丝和客户联系起来，利用已有客户的评价，更能增加产品的说服力，影响潜在客户。

◆ 了解自媒体现状、了解自媒体营销技巧并做好内容支持，玩转自媒体自不在话下。

◆ 单一的自媒体运营方式比较节省运营时间及成本，同时操作简单、高效，能够及时和粉丝进行互动交流。

◆ 只有了解了自媒体现状，你才能对自己进行定位，才能合理地对其进行规划。

◆ 了解自媒体的营销技巧可使微商的运营效果事半功倍。

◆ 专业形象是指微商推送的文字、图片、音频、视频所传输的价值、理念。有想法的微商在运营自媒体时，会结合自身条件挖掘更深层次的、更有价值的内容，并形成自己的理论体系，由此，专业形象也就形成了。具有专业形象的微商更容易收获信任。

◆ 很多成功的微商在利用自媒体谋取效益时，首先要做的是“吸纳粉丝”。因为所谓的推动，不是卖家自己一个人卖力地推，而是利用一群人帮自己推，这群人就是粉丝，而所产生的推动力就是粉丝效应。

◆ 自媒体渠道所产生的高能传播效应，自己的粉丝越多，推广力就越强，自己的人气也就越大。

◆ 自媒体本身的推动力非常强大，它不但可以推动个人，同样也可以推动一个产品、一个品牌，甚至可以让一个企业从无到有，从平凡到卓越。

◆ 自明星是你的品牌，它表明你是靠谱的，是有鲜明特色的。利用好你的品牌特性，你的销售必将事半功倍。

◆ 微商自明星形成了自己独特的“标签”。

◆ 自明星，顾名思义，就是个人通过媒体平台依靠展现自己在某一领域的出众能力而为大众所熟知的明星。具体来说，自明星是依托自媒体平台，专注于某一垂直领域，通过分享经验、专业知识、观点等来包装自己，吸引粉丝，使自己成为某一领域的“偶像”。

◆ 自明星一旦形成品牌，那随之而来的价值就不可估量，可以使产品溢价，提高转化率和复购率。

◆ 基于微商是粉丝驱动的经济模式，经营微商成功的人一定是自明星，根据前人经验，我们可以打造一条通向微商自明星的成功之路。

◆ 不管是卖服务、导入客户群还是打造个人品牌，微商必须走自媒体化之路。

◆ 在这个新媒体时代，人人都可做媒体，人人都可成自明星。但想成为微商霸主的前提是，你必须具备“三力”。极大的影响力、极强的执行力、良好的心理承受力。

◆ 在新媒体时代，单一的营销方式已经不能起到明显效果了，商家们需要综合各种营销方式和渠道，实现多元化营销。

◆ 有了影响力和话语权，那么做某件事肯定就相对容易。但是影响力也不是与生俱来就有的，它靠你的责任心——对客户的，对粉丝的，对团队的——一点一滴积累起来的。

◆ 微商在做自媒体营销前，会对整体工作有一定的规划，对具体步骤做了相关安排。在进行过程中，一定要按照预先规划严格执行，可做一定调整，但一定要完成。

◆ 面对客户投诉，你要积极通过平台与客户交流，解决、改善客户提出的问题，这是你做营销的长久之道。

◆ 在用自媒体推送内容时，一定要适度，既要增加粉丝粘性又要避免消极影响，提升自媒体价值。

◆ 企业在宣传自身企业文化的时候，要注意发布一些让粉丝感兴趣的内容或与粉丝切身利益相关的活动，通过互动来激活粉丝。

◆ 自媒体营销人员在做内容推广时，要从实际出发，进行一定范围内的市场调查，客观地制定推送内容。做自媒体的目的就是让粉丝们了解你的产品、提高知名度。

◆ 转发率高不一定活动就成功或者效果就好，要看最终效果，微商在做营销时，一定要有针对性，不能因为转发率高就沾沾自喜，因为这可能并不会带来交易量。

◆ 各个自媒体平台虽然都能起到宣传推广的效果，但其功能各有侧重。微商要运用多种自媒体平台，使其优势互补，才能达到最好的推广效果。

◆ 在进行自媒体推广时，太冗长、烦琐的内容不容易激起读者的兴趣，好的广告词只需要一句就可引发潮流。

< weishang wanghong yulu >

3

微商网红语录

◆ 先“红”起来，人气、资源都有了，再来言商自然事半功倍，这就是先红再商思维。

◆ 网红经济就是以一位年轻、颜值高的时尚达人作为形象代言人，以其品位及喜好为主导，对产品进行选择并进行视觉推广，在积聚高人气之后，利用其影响力来进行产品预售或引导粉丝们对产品进行订制，把网红自身的粉丝效应转化为具体的价值。

◆ 网红也属于微商，但与普通微商又有本质上的不同。

◆ 网红的横空出现，是全体社会生产力的过剩和客户的消费升级两方面起到了重要的助推作用。

◆ 网络名人依靠自身独特的身份地位或特有渠道的信息来源，然后将这些信息分享出去，从而引起众多粉丝的围观，在围观之中点赞、吐槽以至于自发的转发、传播，从而形成明星效应，如此一个个网路大V便在很短的时间之内得以诞生。

◆ 网红要对社交媒体极其熟悉，能够充分利用各种媒体平台打造自我形象，以提升人气，同时在法律和道德两者之间纵横自如。

◆ 网红主要是依靠文字、图片、视频等在社交媒体平台上发布与自己有关的衣、食、住、行、游、购、娱或艺术才华来吸引粉丝，有时也会为粉丝提供某些指南、攻略。网红的本质简言之是靠贩售自己的生活方式来树立品牌，进而达成销售的目的。

◆ 网红诞生于高度开放与具有泛社交属性的社交媒体平台之上，依靠极具个性的自我展示吸引眼球，久而久之，在粉丝心中树立某一明确形象，即个人品牌。

◆ 网红从实质上说，是一种创造性的奉献，给人以感官和情感上的愉悦与享受，因此更能获得粉丝心理上的共鸣。

◆ 网红一般拥有科学化的包装、设计以及策划体系，能够迅速抓住社会热点制造轰动效应，从而形成信息传播的裂变效应。

◆ 从微商到网红，容易转型，也容易突破，两者利用社交媒体平台和粉丝互动的模式非常相似，只要善加把握且定位准确，转型网红并不难。

◆ 网红的粉丝比普通微商的粉丝粘着性更强。

◆ 网红产品销售范围要大于普通微商。

◆ 网红销售产品于“无形”，形成了自己独特的商业路径。网红在积累足够的人气后可为粉丝定制商品，开启“预售”模式，将流量引到各电商平台。这样就免去了传统微商经营中复杂、烦琐的强推和议价过程，销售产品于无形。

◆ 走红之后，抓住机会，迅速转战微商，利用社交媒体平台聚积人气，便能增强炒作效果，实现商业最大化。

◆ 借力使力转战微商，使“红”转变为具体的价值。每个网红红的方式不一样，但红起来之后要结合自身优势积极将其转化为价值。

◆ 微商的出路除了自媒体化、模式化，还可以走网红之路。

◆ 网红进驻微商之后，网红的一些思路、一些技巧被微商拿来运用，进行了一定的变革创新，这在一定程度上也推动了微商经济。

◆ 网红从一开始就立足于个人品牌的打造与营销，所以我们说网红即自品牌并不为过，但要其品牌影响力持续，就得与时俱进。

◆ 自品牌，顾名思义，就是自己的品牌，把自己或自己产品的优势与独特性传播出去，获得影响力，即个人的无形资产，而这种无形资产又可转化为经济价值。

◆ 网红利用极具个性的内容向大众售卖自己的生活方式，积聚人气，从而树立在粉丝大众心中的形象，即个人品牌，也即自品牌。

◆ 网红只有顺应其“时”，方得其“成”，方得持续“坐享其成”，将其品牌的无形资产源源不断地转化为价值。

◆ 网红的价值不可估量，只要与时俱进，将其代表的无形资产转化为具体的经济价值，是一件水到渠成的事情。

◆ 要想在网红之中脱颖而出，你就要更专业。

◆ 网红专业化发展之后的下一步就是多平台化展示。

◆ 网红营收多元化发展，这是网红发展的必然趋势。

◆ 网红对于微商经济的推动作用显而易见，这对网红、对微商来说都是一个新的方面，网红可言微商，微商可学网红，简言之，网红是微商的另一大门。

◆ 微商的出路其实有很多，自明星化就是其中之一，只要你抓住一个方面深耕细挖，总会有所收获。

◆ 微商转型网红，可为微商正名。网红的自信就是打造个人品牌，其粉丝黏性、忠诚度、带给公众的信任都是普通微商与其客户之间难以匹敌的。

◆ 微商在转型网红时，只要对既有渠道按网红的思维去做即可。

◆ 在互联网高速发展的时代，一夜成名并不是难事，只要你能戳中观众的吐槽点、满足其猎奇、窥探欲。

◆ 炒作要有底线，不能碰触法律，不输送错误的价值观，这样经营出来的网红才能持久，才能获得大众信任。

◆ 成功的网红需要掌握的东西太多了，要关注社交媒体的最新动向、要了解网红的发展趋势，学习、再学习。

◆ 微商做网红需要包装、需要有团队为其策划，这是最快、也是最稳当的途径。当然，其所费不菲，但如果成功了，也物超其值。

◆ 想成为网红的人虽然有很多，但成功的相对来说还是很少，必须具备成为网红的五大要素，才可能成为网红。

◆ 颜值高、时尚、有品位，靠“脸”获得高收入的人群。但并不是拥有以上特点就能够成为网红。

◆ 网红必须具务超级买手的素质。眼光好、犀利，品位高，会打扮，总能在众多产品中搭配出一套给自己形象加分的行头来。与常人相比，具有更独特和极具个性的眼光。

◆ 网红要懂得拍照艺术，这是一个优秀网红的基本功。

◆ 网红要解决供应链问题，生产、进货、仓储、销售、物流、售后等供应链的支持，供应链这一块一定要做好，这是网红实现价值转换的具体过程。

◆ 网红具有浓厚的“草根属性”，虽然不是靓丽耀眼的大明星，但是会社交、会经营粉丝，这是网红的显著特点。

◆ 网红要善于运用饥饿营销，吊足粉丝的“胃口”。

◆ 粉丝经济已经成为商业营销发展的主流，所以转型成为网红，是微商营销模式改变之一。

◆ 网红的每一张图片都具有强烈的目的性，改变以往微商强制刷屏的节奏，变有形营销为无形营销，在“润物细无声”中获得成功。

◆ 网红带给粉丝的是一种前所未有的生活方式，照亮了他们普通而平凡的生活空间，引导粉丝消费观以及价值观发生重大转变。

◆ 网红风行网络的方式有很多种，靠才华，靠颜值，靠毁三观，靠搞笑，但无论哪一种，必须坚持一定的格调和品味，绝不能媚俗无下限。

◆ 网红是微商的第二个身份，这一身份有助于微商产品的营销工作，进而实现价值的变现和利润的获取。

◆ 网红，是一种经济，是社交电商未来的发展方向。

◆ 想要成为网红，一定要注重个人品牌形象的塑造，只有如此，才能完美实现品牌营销。

◆ 网红通过各种社交平台引流粉丝，在产品营销上具有预售性质，为后续产品售卖打下了坚实的基础。

◆ 网红作为一种关注度较高的自明星，对微商正面形象的推动有着难以比拟的优势。

◆ 想要成为成功的网红，要紧跟潮流，不断学习，牢牢把握粉丝的心理趋向。

◆ 做网红，要具备独特的眼光和与众不同的个人风格，以强烈的自我个性赢得粉丝的关注和猎奇欲。

◆ 网红要想具备强大的影响力，必须善于借助微博、微信、博客等自媒体平台来吸引粉丝的关注，这其中特定的方法和技巧不可忽略。

◆ 新时代条件下的网红，对自身风格的定位、较好的内容质量、庞大的粉丝数量与不可缺少的精准性、以及供应链的能力整合方面都有较高的要求。

◆ 网红是一种人格化的个人品牌，代入性更强。

◆ 想要成为网红，必须有坚持和不断积累的决心，无数次的失败才能铸就最后成功的辉煌，浅尝辄止、恶意媚俗永远难以成功，即使有一时的轰动效应，也不过是明日黄花、昙花一现而已。

◆ 网红要努力扩张影响力，简单来说，就是吸“粉”。主要是依靠各社交媒体平台，运用自己独特的方法和技巧，引人关注。

◆ 都说做微商赚钱，但是，做微商网红更赚钱。

◆ 用“网红”思维做微商。

◆ 网红是微商经济的重要推手。

◆ 做微商网红必须具有独特的眼光与风格。细数当前的一些微商网红，其实她们长的并不是非常漂亮，只是她们都有各自独特的风格，能够给人们留下深刻的印象，在众多人群中，第一眼就能够认出她。

◆ 每一个微商网红几乎都是社交高手，能够快速拉近彼此之间的距离，解决用户的各种问题；说话幽默，能够让用户感受轻松与愉悦。当然，这也是一个微商人员必须具备的基本素养。

◆ 网红如矛，微商如盾；矛盾在手，天下无敌。

◆ 网红是一种现象，同样也是一种经济，运用得当、把握准确的话，就会变成自己的财富。

◆ 做微商网红容易给用户带来信任感，网红也属于公众人物，他们的一言一行都会被公众所注意，对于用户来说，彼此之间容易产生信任感。而这是做好微商的重点。

weishang baopin yulu

4

微商爆品语录

◆ 微商运营要具有爆品思维，这样微商才能在面对市场环境时做到从容以对。

◆ 爆品，就是受到市场普遍欢迎的口碑产品，是企业全力推出的针对用户的某一痛点开发的达到极致的产品，只用这一款产品就可征服整个市场。

◆ 爆品是一种企业经营战略，能为企业拓展市场、增加流量、提高品牌忠诚度，与电商口中的爆款有本质的不同。

◆ 企业推出爆品是一种在互联网时代基于用户思维的竞争策略，需要企业集中优势资源从用户需求到产品设计再到产品出厂销售整个流程进行布局，虽有风险，但若引爆市场，回报更可观。

◆ 爆品是传统企业转向互联网的敲门砖。

◆ 爆品是一种企业营销战略，涉及企业布局和总体规划，包括产品、市场、商业模式、运营等。判断某产品是否爆品不仅仅是销量一个指标，更重要的是，产品要戳中用户痛点，尽善尽美，带给用户极致体验，让用户自动给产品做广告，口碑相传，引来更多用户。

◆ 爆品是企业立足市场对外扩张的利器。

◆ 爆品具有令人愉悦的用户体验，质量、口碑双保险。

◆ 爆款一般是指淘宝、天猫、聚美优品等平台商家促销的一种策略，通过降价、促销、购买流量等手段进行销售而打造的结果。爆款是利用对一种商品进行促销来吸引流量的方式，带动其他产品的销售。

◆ 互联网时代，科技日新月异，各种产品更新换代速度不断加快，企业要想长久地发展下去，就要顺应市场潮流，不断打造令市场满意的爆品。

◆ 寻找身边的爆品。这是学习爆品思维的第一步，只有找到身边的爆品，观察、了解其产品特点、营销方式等，才能对其进行总结并创造性地运用到微商爆品的运营上。

◆ 想要打造爆品，必须锁定正确的目标市场。找准客户群，以此为切入点，满足其需求，为这群客户创造独特的价值。

◆ 打造爆品，要切准客户痛点。只有满足客户需求的产品才可能成为爆品，因此，在进行产品设计时，一定要进行深入地市场调研，把客户潜在的、隐性的“痛点”找出来。

◆ 打造爆品要专注，专注于一个市场、领域，专注于对一种产品的打造，在一个点上做到极致，才能跟上市场更接换代的速度，才能在竞争中脱颖而出，企业才能走得更远，分散精力只能被无情淘汰。

◆ 打造爆品，要有持续的对产品进行更新换代的能力。市场形势瞬息万变，企业进行产品设计时要坚持精益求精和不断创新的原则，只要有一次跟不上市场变化，就有可能陷入被动局面，因此企业要抓取主动权，把对手抛在身后。

◆ 爆品得益于以互联网思维运行的商业模式，相对传统企业运营战略具有先天优势。

◆ 互联网时代的到来，使传统的商业环境和运营方式发生巨变，于是，以互联网思维进行商业模式运作的“爆品”应运而生。

◆ 基于互联网的爆品战略，无论是在产品的销售渠道还是在广告营销上，都是多元化的，且产品销售和传播速度更快更广，大大节约了营销成本。

◆ 爆品战略还可以时时和用户进行互动，有助于产品质量进一步创新。

◆ 爆品因其具有的客户黏度和好口碑，其本身也是种广告。

◆ 爆品本身可以成为一个“引流器”。

◆ 爆品运营相对传统运营方式更具效率和竞争力，互联网的发展大大颠覆了传统的商业模式。

◆ 爆品战略依托互联网技术，其运营更加高效，以最低的价格提供了最具极致体验价值的产品和服务，抢占了传统行业的客户和市场份额。

◆ 我们正处于互联网 + 的时代，任何事物要形成、发展、壮大，都要基于互联网思维进行创新，爆品运营战略的出现及成功就是这一发展现状的最好例证。

◆ 找到用户痛点，代之以最极致的用户体验，是爆品战略成功的关键。

◆ 虽然移动互联网时代的商业竞争更加激烈，商业环境瞬息万变，但万变不离其宗，即满足用户的需求。只要抓住了客户的心即解决了用户的痛点，就能立于不败之地。

◆ 只有找到用户的痛点，解决它，并不断地发现、解决用户产生的新的痛点，才能牢牢抓住客户的心，提高品牌忠诚度和用户黏性。

◆ 在实行爆品战略之前，首先要对爆品有一个了解，才能有针对性地实施。

◆ 爆品必须代表某种新主流。即一种产品从来没有被人认识过，但在社会以后的发展中不可或缺的产品。

◆ 爆品必须是对一种产品的重构，爆品必须同时满足企业的需求和用户的需求，否则要么企业无法获得盈利倒闭，要么产品不受欢迎最终还是无法盈利而倒闭。

◆ 把爆品的品质视觉化，打造魅力型产品，要使用户在看见其的第一眼，马上能区分出它与同类传统商品的亮眼之处。

◆ 抓住并专注于用户的痛点，你就为用户创造了价值，就能将其转化为经济价值，其他什么卖点、买点统统没用。

◆ 爆品借助社会化媒体的营销方式，使其成本低廉，因而性价比相对较高。

◆ 产品的好口碑给企业带来了大量的忠诚客户，只要客户有需求，他们第一时间想到的就是爆品。

◆ 只有拥有大规模的饥饿用户，爆品才有可能产生。

◆ 落后就要淘汰，这是商业世界不变的真理。企业只能不断地升级、改善产品，以便应对市场瞬息万变的形势和大众转变快速的需求。

◆ 有时候产品的引爆点越多，越容易成功；有时候产品只有一个引爆点即可，所以，微商们要做的是寻找其产品的合适引爆点，适时引爆。

◆ 在快节奏的社会里，一个产品、一个品牌想要一举成名，除了过硬的质量外，还需要一个契机以成功上位。这个契机就是形成爆品的导火索，只要将其点燃，即可点燃产品的爆点。

◆ 利用名人效应、热门事件或新闻打造爆品，这样的契机有些被动，也需要时机，碰运气的成分大些，但只要你抓住，就能一举成功。

◆ 大众都有猎奇、寻找刺激、炫耀等心理，对具有娱乐性、刺激性、神性性、新奇性以及流行性的东西充满兴趣，为了满足这种心理，微商运营者可利用编织故事、开展活动等手段来引爆产品。

◆ 爆点满足的是大多数人的需求，因此，抓住大多数用户的痛点为其提供极致的体验，就会赢得客户的心。

◆ 他没有，我有；他也有，我更强，这也是企业立足市场的黄金法则，微商要从产品的差异化着手引爆产品。

◆ 引爆产品，要学会打造一句好的广告词，事实上，一条好的、引得众人相传的广告词也会达到轰动的效果。

◆ 在寻找产品爆点的同时，微商也应注意“贪多嚼不烂”，一个产品只有一个功效，这样才有利于产品进行包装、宣传，重点突出，让受众一目了解，引发购买热潮。

◆ 找到爆品的痛点、尖叫点和爆点是爆品战略的三个阶梯。

◆ 在互联网时代，要想成功，就得手握爆品，爆品是一个企业扭转乾坤的法宝。

◆ 爆品的成效如此诱人，引得无数企业争相实施爆品战略。但实施爆品战略并不是一蹴而就的事情，需要分阶段实行。

◆ 根据痛点设计爆品的尖叫点阶段，什么产品能令人尖叫，当然是好产品。企业要在用户一级痛点的基础上设计产品，找到一个超预期的产品性能点，做到极致，让用户享受到超出预期的极致的体验。

◆ 引发爆点阶段，引发爆点主是运用爆品思维，借助互联网的力量，进行口碑宣传。

◆ 找到爆品的痛点、尖叫点和爆点是企业爆品战略实施的三阶梯，微商经营者们可以借鉴其中的思维方式，打造属于自已的爆品。

◆ 基于用户思维的互联网时代，做产品最重要也是最高的原则就是让用户“爽”。

◆ 微商做产品也一样，你的产品要让用户在使用过程中感觉“爽”，那你的爆品战略基本上就成功了。

◆ 高性价比的产品可以让用户“爽”到。

◆ 极致的用户体验就是让产品的每一个细节都带给用户超出预期的体验，给用户带来惊喜。从产品设计到推广到互动参与再到售后服务，把这种极致体验贯穿到产品与用户接触的每一个环节，让用户一直“爽”。

◆ 参与产品开发、销售和服务的成就感可以让用户“爽”到。

◆ 高性价比的价格、极致的用户体验、消费者的参与感，这三点是让用户“爽”的最高原则，三者叠加的效果，就是企业微商实施爆品战略最终想要的结果。

◆ 只做一个，可以集中优势资源全力进行单点冲击，打造出最尖端的产品。

◆ 企业不需要太多产品，只需要一个爆品就能称霸市场，一个产品想要打动用户不用太多优点，只要有一个就足够了。所以，打造爆品的终极战略就是，只做一个。

◆ 要有集中一切资源只做一个的魄力，只做一个产品，就能集中一切资源专注于产品的打造，精雕细刻，仔细打磨，精益求精。要坚持把这个产品做到行业里的第一，只有聚焦于一点，生产出具有爆品品质的产品，才能为后期形成规模效应打下基础。

◆ 要从一个点切入做到极致，什么是极致？极致是达到别人无法超越的程度，超出用户的预期。我们每个人不是天才，也不是通才，一次只能做好一件事，做多了，即使努力做好，效果也平平。做微商也是一样，把资源聚焦其上，这样推出的爆品才会让世人为其惊艳。只在一点，做到极致，这是你的核心竞争力。

◆ 只推一个优势功能，微商在进行产品营销时只推一个优势功能。

◆ 把产品做到让用户尖叫就是用极致的思维，极致的努力，把产品、服务和用户体验做到超越用户预期。

◆ 互联网时代，爆品为王，这是商家们的共识。

◆ 让用户尖叫的产品首先是能满足客户需求的产品，即进行产品设计时，以用户需求为中心。

◆ 让用户有极致的产品体验。

◆ 尊重用户的产品策略，即在进行产品设计时，尽量降低产品的使用门槛，给用户选择的权利，让用户便于上手操作。

◆ 真正解决用户的痛点。

◆ 忠诚于客户的产品，让粉丝、用户来监督你的产品，让产品为客户、粉丝而生。

◆ 在社会快速发展，用户需求不断更新提升的年代，小步快跑，是爆品的最大特点。

◆ 创新是铺就微商爆品之路的基石，在产品创新迭代的过程中，要从用户需求出发，这一点非常重要。

◆ 爆品战略的根基是创新，创新的出发点是从用户需求出发，这样才能保证我们的创新方向是对的，产品体验是用户所需要的，能够解决用户的痛点。

◆ 唯有试错，才有收获。

◆ 勇敢试错，是一种勇气和精神，在微商运营打造爆品中，我们最需要的就是这种勇敢和精神。

◆ 产品出来之后，也许从各种特征来看都没有爆品的希望，但我们不能因为这样而放弃，向着打造爆品的方向做下去，遇到错误，不断修正。说不定不像爆品的产品也能够让你打造成爆品。

◆ 很多时候，我们都是被自己的假想所打败，而不是现实。

◆ 在运用爆品战略，打造爆品时，不要担心错误，勇敢去尝试，他人走不通的路，也许你就可以走通。在试错与修正中，爆品战略会更加的成熟。

◆ 凸显产品的最极致点，迎合用户的痛点，才能体现产品的爆品品质。

◆ 一个最极致的产品要与用户的痛点迎合，也就是说产品的优势正是用户所需的。

weishang shequn yulu

5 微商社群语录

◆ 人人微商的时代，并非人人都可做好微商，影响力决定吸引力，玩转社群者方能赢得天下。

◆ 社群的构成基础是人，人的社会性表现在社群中便是群体性、一致性，所以社群的发展走向也符合人类的发展规律。社群的存在，是社会交往发展到一定阶段的产物，同时又有着特殊的意义。

◆ 如果把大家聚在一个群里，没有更好的价值链接，没有形成优势互补就不是完整的社群构建。真正的社群，需要各要素之间的完美结合。

◆ 我们都知道，只有活跃的事物才能拥有长久的激情，否则就会失去生命力。作为微商社群同样如此，活跃的社群才能长存。

◆ 社交网络给了我们彼此联系的机会，却不一定带给我们真正的交流；它们拉近了我们的距离，却没有增加我们的亲密；它们激发了我们社交的天性，却也消磨了我们日常沟通的能力。可见，社交的关键是质量而不是数量。

◆ 微商作为一种社群经济，在这样一个圈子内，潜在客户都有着共同的爱好和兴趣，买卖双方之间的信任关系也非常牢固。

◆ 以各种媒体社交平台为基础，创建社群。在移动互联网时代，随着新型媒体的出现，营销信息播传的重点已经从单个的个体转移到社群身上。

◆ 我们要善于利用各种社交媒体，通过忠诚用户在微信圈、微博上发起转发、评论活动，进而使得品牌信息播传以裂变的态势扩散出去。

◆“物以类聚，人以群分。”善于组建和培育社群，就好比是提纲挈领一般，纲举目张从而事半功倍。

◆ 微商也需要社交，要明白我们不仅仅是在卖产品，更为主要的是在做人品，以人品社交促进产品销售，这才是“社交思维”的实质所在。

◆ 从事微商的人士一旦学会熟练运用“社群思维”去指导自身的商业实践活动，将会全面改变传统电商依靠销量或用户评价为播传方式的旧有做法。

◆ 微商的主阵地将从朋友圈转移到各种群，要建立各种群、圈子，让客户找到你，把客户导入进去，随时接受客户的进入。

◆ 社群是社会发展的产物，是基于某种需求和爱好建立起来的人的集合，它将人与人之间的关系变得简单和真实，同时也带来更多有益的改变。

◆ 在社群里，人们基于信任、爱好、共同的价值观念而自愿加入同一群体里，以获得内心满足、自我价值实现。

◆ 每个人在社群中是一个获利者，也是一个贡献者。通过共享和互利，社群才能变得更加长久。

◆ 明确选群方向，设定准入门槛，让社群有序运转，从而让社群价值最大化。

◆ 互联网创造了自由链接的可能性，各式各样的社群层出不穷，我们的选择便有了主动性。

◆ 目前的社群体系可划分为两大类社群，一类是基于产品而形成的社群，另一类是通过人脉积累而形成的社群。当我们想要创建社群或关注社群时，就需要去考虑好自身社群的分类。

◆ 对于产品社群而言，这是社群的一种商业模式，通过产品聚集，构建社群的营销方式，这也是目前社群发展的大方向。

◆ 对于社群，人与人之间的关系链，不能通过加微信、聊 QQ 单纯地维系。要想更准确地定位人脉社群，就一定要多互动，无论是网络上的虚拟互动，还是线下的实际交往，都能促进社群的活跃度。

◆ 一个社群就是一个简单的生态系统，建群的基本理念如信念、爱好、价值取向等就好比生态系统中的阳光、雨露、土壤等基础条件。

◆ 在建社群之前，必须明确社群内每一个人的个性特征，把同一个性特征的人划入同一个群里，才能发挥社群的最大价值。

◆ 社群要想有序运转下去，必须要有契约精神。培养这种契约精神，从社群的互动性开始。

◆ 社群的设置与管理，是社群交往互动中的监管、协调和秩序维护等职责，起到监督管理、引导舆论的重要作用。

◆ 建好社群后，管理是关键，对社群的设置与管理，更能考验一个人的社交智慧和经营能力。“社群管理靠大家”，群中每个成员都是管理者。

◆ 无规矩不成方圆，有规矩是成功的前提，社群亦是如此。合适的群规能为后期社群文化的形成奠定良好基础，能有效提高社群运转效率。

◆ 设置加入条件，可以看做社群规则的一种延续。坚持宁缺毋滥，才能让入群的成员保持同一层次的共鸣及互动。

◆ 规则可以制订，但社群文化是经过长期积淀涵养而来的。可不要轻视社群文化，它是一个社群的精神构成，是社群的“魂”，一个社群有什么样的文化涵养，决定了社群能走多远。

◆ 社群的管理，本质上管理成员的发言和议事。直白地讲，就是采取一定的形式，固化成员间的配合方式，让成员知道先做什么，后做什么，以及怎么做。

◆ 实现社群精准营销，要做到定位精准、眼光精准、发力精准。

◆ 精准定位是实现社群营销的前提。

◆ 社群营销是一种特殊的营销手段，更能深入人心，更接地气。因此切忌对产品销售方案照本宣科，对其他媒介营销经验全盘照搬，必须结合社群特点因地制宜。

◆ 明确互补性，建立线上、线下营销共同参与的协同配合机制，线下销售成为社群营销的有益补充，实现了社群营销效应最大化。

◆ 用户忠诚度高是社群营销的优势，信息传播速度快是微信营销的特长。

◆ 要以精准的眼光，把有限的营销资源和力量用到关键处。

◆ 改变以往“广撒胡椒面”、宣传用力平衡的情况，将每个项目重点放在某一个社群中，实行跟进宣传、精准营销、全程营销。

◆ 在社群营销中，发力准既包含了四两拨千斤的巧劲，也包含了水滴石穿的韧劲。

◆ 在社群社区营销中，能一蹴而就的是极少数，更多时候是打持久战，需要持续用力，才能取得一定效果。

◆ 社群营销，由于自身构成体系和传播方式的特殊性，营销方式也有着特殊之处。

◆ 作为新兴的营销方式，社群营销的潜在成员对象销售精准度更高，营销的过程也更能激发娱乐效应，更新颖更有趣，更符合当前网络时代潮流。

◆ 正确认识社群营销，掌握社群营销的要点，对于网络卖家非常重要。

◆ 能全面了解社群的内涵精神，明白社群成员的价值取向，是社群营销能否取得成功的前提之一。

◆ 不同类型的社群，价值定位不尽相同。对于社群营销而言，客观、公正、准确地评估该群的价值导向尤为重要。

◆ 社群缺乏激励引导，只能变成纯粹的聊天室。

◆ 社群并不是成员越多越好，社群的质量和成员多少也没有必然联系。

◆ 稳定适度的规模控制，是提高社群营销质量、实现社群精细化运作的必由之路。

◆ 每一类社群平台，都存在那么几个积极活跃、表达能力强、能引领公众讨论的意见领袖。我们应该联合这类意见领袖进行宣传营销，这将对我们的产品品牌产生极大的带动效果。

◆ 在社群营销中，社群领袖的名望、意见起着关键的示范带动作用。

◆ 社群领袖引领着整个群的舆论方向，引导群中成员思考问题、发表观点，是群成员的精神寄托。

◆ 产品营销、销售信息传播在一开始并不能很快地为人接受，但如果一经社群领袖的正面评论与引导，或再配以转发，那么将起到四两拨千斤的营销效果。

◆ 社群领袖对营销中的产品或服务给予正面的回应和支持，并将自己对于产品的意见、体验、想法与群中成员进行分享、互动。这样，许多成员在原来广告的基础上，更加强化了对产品营销的正面评价和产品服务认知度。

◆ 利用社群领袖进行宣传营销，可以增进用户对产品的认知度，更能提高用户对产品的信任感、依赖感。

◆ 社群中的意见领袖，开风气之先，引导社群成员的舆论导向与关注重点，成为一种有效营销手段。

◆ 社群中的意见领袖，就好比狼群中的“头狼”，引领着整个群的走向和思考方向。在社群营销中，我们要特别重视“头狼”的引导作用，只有抓住这个“风向标”，才能在社群营销中立于不败之地。

◆ 社群的活跃程度，决定了社群价值大小，社群营销，当选活跃度高的社群。

◆ 保持社群的活跃度，让社群能维持正常运转，成员之间各司其职，这其实是给社群创造了无形的价值与财富。社群有价值，就能够为社群营销创造良好的条件，成员们才能更好地享有社群带来的馈赠。

◆ 社群本质上是一群志同道合的人的集聚之处。它通过成员之间的互动沟通、相互认知，彼此自带的社会资源便会高效凝聚，并不断地衍生出新价值，逐步形成一个充满活力的多样化动态之群，使相互之间的资源利用率更高。

◆ 活跃社群作为一种“活”的广告体，有着开展精准宣传、实现高效营销的天然优势。

◆ 有目的、有计划地开展运营社群，是社群活动高效开展的关键。

◆ 产品结构的选择，是一个大方向的问题，这是迈出社群活动的第一步。

◆ 开展社群活动必须要有产品思维，通过精心选择活动产品，就能够提高产品用户精准度，能够得到用户带来最有价值、最接地气的意见建议。

◆ 社群营销中进行有效沟通，通过互动信息交流，从而达成共识实现产品营销。

◆ 对于社群营销而言，如何与用户进行有效沟通显得尤为重要，很多时候，真正决定产品成交的恰恰是沟通。

◆ 立品立心是为人处世的根本，也是社群营销的基本准则。

◆ 社群营销，最关键的是勤恳。

◆ 社群营销中，要时刻以诚信示人。

◆ 社群营销中，耐心是基础。

◆ 悬赏传播，能够快速优化、集聚资源，产生传播裂变效应，是社群营销方式的有益补充。

◆ 悬赏传播，就是将需要宣传的产品信息、活动预告等公开在社群里，通过有偿的方式寻找有能力解决问题的社员或团队，悬赏传播打破了地域、时间、工作方式的限制。

◆ 对社群管理人员的结构进行科学设置，让更多的人参与到社群管理中来，才能把社群做大做强。

◆ 麻雀虽小，五脏俱全。对于一个社群而言亦是如此，社群就是一个小的社会，人员千差万别，保证社群很好的运营，就需要一套科学合理的管理结构。

◆ 一个规范的社群，也是对群管理员的权利义务有明确规定的社群。

◆ 做社群，一定要加强管理责任意识与分工意识。

fensi zhanlue yulu

6
粉丝战略语录

◆“上帝”在哪里？上帝就在我们客户或消费者这里，以“为上帝服务”的理念对待他们，才能为销售工作打下坚实的基础。

◆ 数量是基础，质量是保障，两者密不可分又各有侧重，但主要以提高质量为工作重心。认清数量和质量的关系，对我们开展微商营销工作具有重大意义。

◆ 给粉丝以惊喜，其目的就是为了增强粉丝的活跃度和关注度，拉近彼此的情感关系，以激励、互动的方式打开营销局面。

◆ 微商的商业模式特征必然要求有大量的粉丝数量，数量是微商开展营销工作的基础。

◆ 拥有大量的粉丝，我们所代理产品的口碑效应才能够显露出来。

◆ 数量众多的粉丝，决定着我们产品信息再次传递的可能性。

◆ 一切以粉丝为中心，是我们微商工作的基本原则和重要导向，这就像解决复杂的矛盾一样，抓住了问题的实质和中心，便可以取得迎刃而解的良好效果了。

◆ 在微商经营的各个环节，在使用每一个微商策略与技巧的时候，都应秉持“以粉丝为中心”这一原则去思考问题。

◆ 传统商业中常说“客户就是上帝”，其实这句话在微商模式中同样重要，只有做到想粉丝之所想，急粉丝之所急，一切以粉丝为中心，才能够让我们的微商之路越走越远。

◆ 共赢即是让大家都有钱赚，让大家都能够得到好处，这才是一个稳定的商业模式，微商也概莫能外。

◆ 粉丝或者说客户，始终是我们微商所要全力争取的核心对象，可以说，有了客户才会有一切；没有客户，后续的销售无从谈起，因此微商粉丝锁定战略成为了关键。

◆ 锁定粉丝是一个大战略、大方向，是宏观层面上的思维概念，在具体操作中，需要根据自己的产品以及微商经营规模的大小灵活地加以实施。

◆ 营销工作中，产品信息的传播是重中之重，只有提高了产品的知名度和影响力，才会使自身具备强大的吸粉能力，始终像一块磁铁一样，将数量最为庞大的粉丝聚合在我们身边。

◆ 相比较于粉丝，钢丝的价值是不可估量的，对我们的销售工作将会带来巨大的正面冲击效应，对此必须高度重视。

◆ 充分运用“自明星战略”，做好社群的建立工作，开展多对多的互动关系，增强凝聚力和向心力，只要下功夫经营，相信会有越来越多的“粉丝”转化为“钢丝”。

◆ 微商经营，不管其商业模式如何变化，产品信息及时有效正面的积极传播，是提高产品影响力和知名度的重要方式。换言之，谁注重信息的传播，谁就抓住了微商营销工作的实质，并可以在这个基础上成为众多同类产品的“明星”。

◆ 你需要的不仅是粉丝，而是钢丝。

◆ 拥有“钢丝”，就意味着旗下产品拥有了一批铁杆支持者，将能够良好地实现使用“情怀”概念来营销产品的目的。

◆ 从“粉丝”到“钢丝”，所变化的不仅仅是词语的名称，更为重要的是，它代表着消费群体一种思想观念的转变，这一类群体从感情上更认同企业的产品，行为上与企业产品荣辱与共、进退一致。

◆ 将粉丝发展成为我们的“钢丝”，关键是梳理分析其内在规律，积极行动起来，逐步加大粉丝的情感粘合度，一味地坐等思想是不现实的。

◆ 微商营销中，我们不仅要把粉丝当做客户看待，激发其自身潜在的需求；同时还应当把他们当做一种免费的载体认真对待，通过粉丝为我们免费传递或分享产品信息，以达到广为传播的目的。

◆ 粉丝具备转化为客户的潜力，客户又是微商生存的基础，两者之间是一种延伸递进的关系。

◆ 微商这一商业模式的特点是：产品信息的传播渠道和载体基本上都是免费的，我们通过粉丝来达到传递产品信息、扩大产品影响力以及挖掘到更多的粉丝客户的目的，期间我们无需向粉丝支付传播费用，粉丝的免费效应就体现在这个方面。

◆ 线下推广有其便利直接的优势，直接和粉丝建立面对面的情感联系，有助于拉近彼此之间的情感，对吸粉有着显著的效果。

◆ 心灵鸡汤一类的文章不是不能够存在，而是要适度、合理、新颖，这样才能够达到吸引粉丝关注的目的。

◆ 将产品信息的推广传播工作理解为不间断地刷屏，每日里无数次地采取刷屏的手段，好似狂轰滥炸一般，让人不胜其烦，这种方式一旦过度，无疑会丢失很多粉丝，因此必须高度重视并加以改正。

◆ 采用群发信息的方式，这样做的后果往往是引起粉丝的极大反感，很多时候粉丝还没有删除或屏蔽他们，但群发之后，反而促使粉丝在厌恶的情绪下将他们删除的一干而净。

◆ 多次重复发送同一信息，也会引起粉丝的不满情绪，所以在发送产品信息的时候，切忌重复无效工作。

◆ 和粉丝第一次互动不是打招呼，而是发送产品信息。如此留给粉丝的第一印象非常不好，遇到比较敏感的粉丝，可能这一次打招呼也是最后一次了。

◆ 在微信群中发布投票链接，将一个好好的微信群搞得人心离散，

粉丝失去率也因此节节攀升。

◆ 互动是增进微商和粉丝之间情感联系的有效方式，互动有了，情感加深了，成交局面才能够形成；否则粉丝再多，但缺乏应有的热度和参与感，粉丝也只能是“僵尸粉”。

◆ 没有互动就没有粉丝的关注，没有粉丝的关注就不会有最终的成交，这是一种延伸递进的因果关系。

◆ 一些微商习惯在自己的朋友圈中抱怨心情不好、发出生意难做等感慨，也许这是微商者真实的心语，但这种负面情绪在朋友圈中发布出来显然是不恰当的做法。

◆ 互动要讲究合理适当的方式和方法，方式或方法不对，所有的前期吸粉努力都将付诸东流，从而功亏一篑，得不偿失。

◆ 互动意味着关心粉丝，意味着要和粉丝之间多开展礼尚往来的活动，在互动中增进彼此的关系。

◆ 互动和参与感之间可以划上一个等号，有互动才有粉丝强烈的参与感。

◆ 利用信息分享互动模式，一是让粉丝能够从信息中得到快乐；二是粉丝可以从分享中收获一定的知识和技术，巧妙的好学、好奇心理切入点，使得看似复杂的问题变得简单起来。

◆ 粉丝给我们的产品点赞的时候，我们也应当给对方以回应，回应时要及时、主动，展现出我们的重视和感谢之情。

◆ 多转发用户对产品的正面评价，通过这种方式拉近和粉丝之间的情感联系。

◆ 多转发粉丝积极正面的产品使用评价，将会对那些还持着观望、怀疑态度的用户起到“催化”作用，他们看到真实的消费者评价，相信很快会打消心中的疑虑，从潜在用户上升到现实客户。

◆ 微商工作中，应当善于利用情感互动模式为营销工作服务，吸引住粉丝。

◆ 和粉丝交流沟通时，言语方面要轻松幽默，体现出亲切感，避免生硬、不礼貌的语言。

◆ 对于微商也是如此，想要有人气、有关注度，就必然离不开特定话题的营造，通过话题来全面调动粉丝的参与力度。

◆ 时下万众创业成为了最为热门的词眼，说不定我们的粉丝之中就有很多处于创业期的人士，和他们谈论这一方面的话题，很容易引起大家的情感共鸣；同样，对于兼职的话题也是如此，实际生活中很多人都有一份或几份兼职，如果我们在这一话题上做文章，也能引爆讨论的热度。

◆ 一些有关美容养颜类的话题，这一点主要针对女性顾客。

◆ 运动健身已经成为了一种时尚，如果遇到好的健身方式，不妨发布到朋友圈之中，让更多的粉丝在关注中得到益处。

◆ 有关养生一类的话题也成为时下人们关注的热点，有关良好养生方面的文章，我们也要将其分享到朋友圈之中，以此提升粉丝的参与热情和互动力度。

◆ 微信中好友的多少，对于微商来说绝对是一个关键因素，因为好友本身就是潜在的用户来源。好友数量越多，就越容易培养出数量可观的用户群。

◆ 自媒体时代，“自媒体超 250 定律”的存在，使信息的横向、纵向传播速度无与匹敌，一个粉丝就是一个推销员，这不是从信息的横向传播说，而是从信息的垂直传播来说，这个量级是巨大的。

◆ 培养大量“铁粉”的目的是构建一个忠诚度、黏度很高的粉丝团，无条件地信服你。

◆“无利不起早”是人之本性，给予粉丝利益上的驱动也是激活粉丝活跃度的有效手段。

◆ 微商自媒体运营成功与否，粉丝数量和质量是王道，微商要学习“引流”粉丝，建立“粉丝经济”。

◆ 微商自媒体运营成功与否，粉丝数量和质量是王道。

◆ 引流是微商把货品卖出去的准备工作，分线上引流和线下引流两类，各自具有优势。

◆ 线上引流主要指利用各种门户网站、社交媒体平台等进行宣传吸引人气；线下引流是指通过实体门店开展活动等来使粉丝关注线上自媒体。

◆ 在使用线上引流方式积聚自媒体人气的过程中，要灵活运用网络交流方式、技巧及引导方法，了解各社交自媒体平台的优、劣势及功能，这样才能取得较好的效果。

◆ 百度引流是线上引流的方式之一，其特点是网民使用率高，可获得较好的引流效果。

◆ 对于微商们来说，百度工具是一个很好的引流平台，因为其众多功能都有很高的利用价值。

◆ 尽管现在微信的用户暴增，但时至如今，微博的用户量依然还是一个庞大的数字，采用微博引流，依然能够吸引一大批粉丝。

◆ QQ 的涉及面大，用户众多，与微信的联系又紧密，从 QQ 上引流是非常有效果的。

◆ 博客作为一个自媒体，和 QQ 空间一样，往往聚集着众多的粉丝，只要注意方法技巧，也能从中引出大量粉丝。

◆ 有些论坛的活跃度让人震撼，比如天涯论坛、百度贴吧、豆瓣论坛。所以微商一定要重视论坛这个引流平台。

◆ 视频引流的方式主要是通过用户通过关键词搜索而找到相关视频，点击观看而引导客户成为粉丝。

◆ 到目前为止，各类 APP 的数量已经超过 300 万，而且还在持续增加中，而使用这些 APP 的客户更是数量巨大。所以，从 APP 平台引流就成为增加微商粉丝数量的有效方法之一。

◆ 只要微商们认真了解、熟悉、分析这些网络平台的特点、特性，总会找到合适的、效果好的从其平台引流至微信的方法。

◆ 因为文库的文章信用度较高，且可以下载保存，便于阅读，所以，微商从业者们可以通过向文库上传文章进行客户引流。

◆ 线下引流是微商增加粉丝量的渠道之一，其最大的优势是挖掘到的潜在客户众多，粉丝价值比较高。

◆ 任何时候，线下都会有很多客户。因此，微商必须重视线下引流。

◆ 微商在开展线下引流活动时，要选择适合自己的活动，这样才能取得良好的效果。

◆ 二维码因其在宣传推广方面的便捷性，而被微商用户作为引流的重要工具。

◆ 虽然微商从线上、线下引流的方式众多，但能实实在在吸引到粉丝的方式才是好方式，所以在利用主流媒体平台引流的同时，也不要忽视其他引流渠道。

◆ 引流的方式千千万，我们能传写在纸上的只是少部分，所以微商们要时刻注意网络媒体动态，不断挖掘新的引流粉丝方式的渠道，扩大引流范围，提高推广效果。

〈 weishang pinpai suzao yulu 〉

7

微商品牌塑造语录

◆ 品牌是消费者对产品的质量、服务、形象、文化等各方面的评价和认知，它能够很好地建立起消费者与产品间的交流和沟通，从而决定消费者的购买决策。

◆ 个人品牌是微商做大做强的基础与前提，通过塑造良好的个人品牌才能实现微商运营质的飞跃。

◆ 如今“互联网 +”社会，越来越多的人选择做微商，但只有很少的人意识到个人品牌更重要。建立品牌是每个企业成功的必由之路，同样也是微商成功的经营之道。

◆ 无品牌不微商，这很好地说明了品牌对于微商运营的重要性，不懂得品牌塑造的微商是注定要失败的。

◆ 微商运营要想常态化、长效化、可持续化，就必须塑造自己的品牌。

◆ 微商品牌说白了其实就是自我个人形象和产品形象的集中体现，尤其在个人形象上，亲切自然的图像无疑具有强大的亲和力，有助于品牌形象的打造。

◆ 塑造微商品牌，就要将自身所经营的产品做精做细，以尖端营销为方向，给人以难以忘怀的印象。

◆ 微商品牌塑造，必须将产品知名度、美誉度以及粉丝忠诚度三者完美地结合在一起，客户认为您无可替代，才能实现火爆的销售局面。

◆ 微商产品品牌塑造，具有强烈的个人印记，能够让粉丝在需要的时候，于脑海中第一时间想起我们所经营的产品，那么就意味着品牌塑造已经取得了成功。

◆ 品牌塑造，必须以正面信息示人，名气再大，全部都是充斥网络的负面信息，无疑会对营销工作带来严重的冲击和影响。

◆ 微商产品品牌塑造，质量过硬的好货源是重要基础，否则就像无根之水、无本之木一样，经不起市场和时间的考验。

◆ 情怀是商品的另一种角色，也是其价值提升的软实力，所以塑造微商品牌，不能忽视必要的情怀营造工作。

◆ 无论是人物故事还是产品故事，生动曲折、感人至深的故事，无疑是微商品牌塑造的捷径，谁掌握了善于讲故事的技巧，谁就能很快脱颖而出。

◆ 微商产品品牌塑造，离不开特定的广告信息传播工作，但这种广告信息的传播，并非是令人讨厌的简单刷屏，正确的方法就是全力打造产品广告的内容价值和传播价值，比如一张简单的图片、一句含义隽永的话语。

◆ 品牌塑造，前提是微商自身要先一步熟悉产品的各项性能，俗话说："知己知彼，才能百战不殆。"只有自己认可的产品，才有信心做好品牌的推广和塑造工作。

◆ 适时巧妙地分享产品使用的自我感受，真实自然，没有夸大的成分，自然也是品牌塑造工作的重要手段与方式。

◆ 虚拟的网络世界中，想要快速塑造产品品牌，建立和粉丝或客户之间强烈的信任关系，无疑是其中应当重点推进的工作。在这一点上，真实的自我图像、生动的生活内容，都是良好的展示平台，对信任关系的塑造有着不可替代的重要功效。

◆ 互动，合理良性的粉丝互动，永远是产品品牌塑造的必要路径。

◆ 适当的时候，学会和粉丝分享自我的人生故事，个人独特且不平凡的人生经历，他们从我们身上看到了自身未来的影子，无疑能够引起粉丝强烈的情感共鸣，如此信任关系也就自然而然地得以建立了。

◆ 自身定位模糊不清，事倍功半；自身定位精准有效，事半功倍。

◆ 微商品牌自我定位，就是要十分清楚销售产品的市场前景、产品特色，对自身优劣势要有明确的定位，以及确定将以什么样的身份和形象出现在微信好友面前。从小处看，自我定位可以避免诸多营销问题；往大处讲，自我定位是微商运营最核心最重要的因素。

◆ 微商品牌自我定位，要把握好“准”“实”“深”“传”四字诀。

◆ 打造微商品牌，要谨记“创”“聚”“种”“借”四字要诀。

◆ 微商品牌代表着微商的形象标示，是极具符号价值的无形资产。

◆ 微商品牌塑造，必须一步一个脚印，踏实走好每一步，才能打造坚实的品牌形象。

◆ 微商品牌塑造是一项系统工作，需要分步骤地逐一进行，操之过急只会得不偿失。

◆ 术业有专攻，微商品牌塑造必须按照其内在规律运行。

◆ 微商品牌塑造，要优选客户群，产品必须销对路。

◆ 微商品牌塑造，正确的做法就是深入到消费者人群中，通过广而告之、深耕细作，逐渐打造自己的品牌。

◆ 微商的资本是个人品牌，个人品牌的稳固是用户的口碑，构建口碑营销。

◆ 以信任为根本，明白做产品也是做人品，只有打造坚实的信任基础，才会有微商品牌塑造的可能。

◆ 微商是一个相互沟通价值等量交换的过程，如果你不诚信，抱着欺骗、占便宜的心态与他人合作，第一次也许你会占到便宜，但以后他人肯定不会再与你交易，你也就无商可做，更不用说个人品牌塑造了。

◆ 在微商活动中，要坚持诚信经营，所有的方法、策略、沟通等围绕信任而展开，以构建信任、消除猜忌怀疑为目标，做到这一点，相信一定会打造出良好的个人品牌。

◆ 重视用户意见，引导用户对品牌的正向评价。

◆ 在微商中，我们也应该学会借力使力的营销推广方式，这也是微商品牌塑造的重要手段。

◆ 产品的营销重点在产品的质量上面，好产品用户在使用之后自然会替我们宣扬、播传，单纯依靠炒作之路势必不能够长远，不要刻意采取炒作的营销方式。

◆ 品牌建立起来后，最重要的是如何维护，这也考验着大多数微商的经营智慧。

◆ 在微商创业的前进路上，必须要有永不懈怠的进取心、宠辱不惊的平常心、谨小慎微的细致心，这样才能将微商品牌做大做强。

◆ 做微商品牌，要懂得坚持，不贸然推进、不急功近利，稳扎稳打，才能在“山穷水尽疑无路”之时，又逢“柳暗花明又一村”。

◆ 打造微商品牌，要耐得住暂时的失败，受得了一时的失意。

◆ 在微商品牌塑造中，容不得半点懈怠、草率和疏忽，因此要保持一颗谨小慎微的细致心。

◆ 从产品、客户、宣传三方面入手、多方联动，才能成功塑造微商品牌。

◆ 微商品牌塑造，产品质量是前提，也是核心竞争力。

◆ 微商代理的每个产品都应该有自己的故事，这个故事可能是虚拟的，也可能是人为赋予的，但有故事的产品才显得有生命力和竞争力，这也是微商品牌塑造的重要路径。

◆ 做微商品牌，当然需要广告宣传，但掌握一些技巧就可以通过最少的投入获得最大的宣传效果，要努力打造广告的内容价值和传播价值。

◆ 在微信朋友圈里打造个人品牌，能让朋友圈的好友产生信任，是产品营销的助推器。

◆ 微信朋友圈个人品牌的塑造，是基于微信营销的特殊性所决定的。

◆ 微商品牌塑造，细节很重要，如通俗易懂的微信名与头像，真实鲜活的微信内容，都不可忽视。

◆ 打造微信品牌，客户体验是重要一环，无论何时何地，务必给予客户最好的产品服务体验。

◆ 微商运营时代是一个体验为王的时代，产品是否能够做成功、微商品牌是否具有竞争力，客户体验成为一个关键点。

◆ 产品性能要过关，产品安全有保证，只有过硬的产品质量，才是打开市场大门的金钥匙。

◆ 微商品牌塑造，总是要能够带给消费者不一样的产品体验，让他们用的舒心，买的放心。

◆ 微商品牌塑造中，除了产品的质量之外，必要的客户体验感也不可或缺。因为产品体察的良好与否关系到客户的传播分享力度，一个好的产品体验，客户会广泛播传，将会形成口碑效应，产品影响力上去了，微商品牌塑造工作自然就很快能打开一个新局面。

◆ 产品的体验可以分为视觉体验、功能体验、心理体验三个方面，无论哪一种体验方式，都应围绕微商品牌塑造为中心运转。

◆ 微商品牌塑造，要注重产品体验模式的创新，无论是线上视频观感还是线下门店的直接试用，在细节上做到极致，全面分析研判市场的消费动态，制定切实可行的体验计划，为品牌塑造助力。

◆ 免费体验的产品一定要有高的性价比，也即质美价廉，只有高质量的产品，消费者在免费体验之后才会有较深的印象，赢得他们的认可，如此微商品牌塑造才有可能。

◆ 免费体验最大的优势就是能够迅速提高市场占有率，提高产品知名度，这一点对于微商来说非常重要。最后我要强调一点，免费体验不是给用户提供一些没有价值的东西，送一些垃圾给客户，免费体验一定要让用户感受到效果。

◆ 微商免费运营策略是一种很强的病毒性策略，如果你对你的产品自信，对你个人品牌自信，免费体验的目的是为日后更好的盈利打基础。用免费的东西获得的客户，当然要在其他地方赚回来，同时也能极大提升产品的品牌认知度。

◆ 微商品牌塑造，相关微商营销人员应当树立正确的思维，明白自身售卖的不仅仅是产品，还有产品的知识，是产品概念和内涵的外延与扩展。

自明星

◆ 产品品牌影响力就如东风一般，立足产品品牌建设，打造名牌产品，才可能乘风破浪，直达胜利的彼岸。

◆ 品牌影响力对做好微商产品营销工作的重要性不言而喻。

◆ 一个著名的产品品牌，往往能够在自身品牌影响力的带动下，形成一个持久高效的宣传营销影响，无须发力，便可以收到四两拨千斤的效果。

◆ 微商品牌塑造的重要性不言而喻。正如全球顶级营销大师杰克·特劳特在其经典著作《定位》中所指出的那样：一个行业或一个产品类别的品牌影响力就是让品牌形象在消费者心目中占据着最有利的位置，在长期的市场竞争发展中使其成为某个类别或某种特性的代表品牌。

◆ 从事微商的人员想要使得产品大卖，就必须树立起牢固的品牌意识，充分利用品牌影响力这一“东风”，借力使力，促使营销工作更上层楼。

◆ 微商新手在选择产品时，最好选择具有一定知名度的品牌进行销售。在你没有建立自己的个人品牌前，这种方法能让你省去不少麻烦，比较容易上手。

◆ 人格魅力是指具有独树一帜的个人风格、主张和价值观。你就是你，别人无法复制、模仿；你既能说出别人之所想，又能做别人无法做成的事，最终成为粉丝们追捧的偶像。要知道，由崇拜所产生的附加价值无法估量，它会把你的一言一行都转化为交易形为。

◆ 微商品牌塑造，你要在粉丝面前树立专业的形象，打造“偶像”地位，以此聚合粉丝，提升产品美誉度。

tuandui da zao yulu

8

团队打造语录

◆ 微商团队运营的优势就是能够“集中力量办大事”，集团打造的产品营销、推广、品牌影响力在市场中极具竞争优势。

◆ 优秀的微商团队都有一个完全属于自己的核心团队，岗位设置科学合理，以此推动整个团队高效运转。

◆ 适当地运用激励措施，能够让整个微商团队充满昂扬斗志，为团队注入鲜活的正能量。

◆ 奖罚制度的设置，要始终围绕提高团队运营效率来展开，激励先进，鞭笞后进。

◆ 一人拾柴火不旺，众人拾柴火焰高。一个人的智慧无论如何也比不过一个团队的智慧，一个人的力量无论如何也比不过团队的力量。而微商的团队化运作正是解决这些问题的金钥匙。

◆ 在团队中，有困难挫折大家都会想办法解决，个人心态会更加积极，能够时刻感受到一种正能量。这便是微商团队的优势。

◆ 微商团队能够弥补个人精力不足的问题，它集众人之力，对每个人承担的任务进行合理分工，在分工基础上合作，节约了时间，提高了效率。

◆ 微商团队运营实行组团运作模式，集众家微商的货源于一体，并采取统一调配、统一采购、统一销售的方式，在团队成员中实行产品自由流通，消除了人为设置的销售壁垒，打通了网购的无差别化渠道，有效避免了货源中断、客户流失的危险。

◆ 在微商团队中，将品牌宣传推广细化，采取专人负责，有专人做营销，专人做推广，专人做品牌提升，专人做文案策划。

◆ 微商团队可以抽出更多的精力与人手，专业做售后服务工作，为产品品牌树立无形资产。

◆ 微商团队至少有创始人、设计人员、运营策划和客服等四种岗位设置。

◆ 客服是整个微商团队的窗口，展示着团队的形象。不管你的团队是大还是小，微商代理人数是多还是少，都需要设置这样一个架构。

◆ 微商团队，要让团队成员明白理想愿景和目标激励之间的内在关系。

◆ 微商团队激励，要适时添加一些心灵鸡汤，对唤起人的情感共鸣具有显著效果。须知，情感是维系人际关系最牢固的纽带。

◆ 微商团队领导，应让自己成为一个讲故事的高手。这里的“讲故事”是指团队领导具有优秀的演讲和表达才能，善于言辞，将团队的发展目标和辉煌前景通过自身的描述，使其以立体状的形式呈现在大家面前。

◆ 在微商团队里，有竞争才会有进步，良性的竞争能够推动团队发展壮大。通过树立积极的、健康的、向上的引导和激励手段，在团队内部建立良性的竞争机制，用“危机”激活团队的潜力，能充分调动代理商的积极性、主动性、创造性和争先创优意识，全面地提高组织活力。

◆ 团队成员间的冲突其实是另一种有效的沟通方式，管理者要及时化解冲突，实现共赢。

◆ 微商团队领导者要正确看待团队内部冲突和矛盾，正如通用汽车的艾佛烈德所言："意见相左甚至发生冲突是必要的，也是非常受欢迎的事。如果没有意见纷争与冲突，大家就无法相互了解，没有理解，组织只会做出错误的决定"。

◆ 微商团队出现原则上的纠纷，领导者要及时沟通协调，沟通也需要掌握一定的技巧，力争将冲突消除在初始阶段，避免内斗的出现。

◆ 微商团队领导，一要善于询问与倾听；二要以人为本懂平衡；三要着力培养一种优秀的团队精神，团队意识要强化。

◆ 微商团队之难，难在管理，把握好管理细节，所有问题将迎刃而解。

◆ 守业比创业难，微商团队亦是如此。

◆ 微商团队管理者要建立团队成员严进宽出制度，要坚持宁缺毋滥的原则，把好入口，千万不能为了吸引多人加入而放松条件。

◆ 在团队中选树好的“标杆”，就能起到“立”杆见影的功效，在这一点上，微商团队管理者要牢牢把握“正”“准”“常”三字法则。

◆ 树立标杆不是一时兴起而为之，必须要长期坚持，只有实行常态化、长效化，长期应用到微商团队管理当中，才能取得预期效果。

◆ 微商团队运营，离不开科学合理的培训。

◆ 构建团队培训机制，用最少的投入得到最高的回报，就能够让团队成员的知识体系持续更新，永远保持旺盛的活力和竞争力。

◆ 构建微商团队培训机制，要从团队内部培训、外部培训入手，通过专题讲授、案例培训、公开课、拓展训练等多种形式，给团队成员带来不同层面的体验，提高销售技能，提升管理水平。

◆ 谁能够领导好一个团队，并能够让成员相互之间精诚合作、团结一致，谁就会创造出不可思议的发展奇迹。

◆ 作为一名合格的管理者，必须要求自己时刻去“充电”，把学习当成一种生活的习惯，伴随着职业生涯的始终，以应对团队管理过程中那些纷繁复杂的问题。

◆ 作为微商团队管理者，想要更好地审视团队的前进方向以及内部成员的详细情况，要能用广镜头看问题，观察团队内部的种种变化，这样才能更为准确地把握到事情发展变化的脉络和规律，找到了问题的症结所在，解决起来就会事半功倍。

◆ 团队中的每一位成员都是它的局部，好比肌体中的细胞一样，只有一个个团队成员个体的强大，才会有整个团队的强盛。同样，团队作为强大个体集合的基础，会发挥出更大的威力。微商团队也概莫能外。

◆ 在微商团队管理中，领导的心胸和气度非常重要，放开是非得失，一心以大局为重，以搞好工作为基本出发点，反而会有更大的收获。

◆ 在微商团队成员的选拔上，绝不能偏执于一端，要从全面的角度去综合评判一个人的优劣高低，这样才可以把最为适合的人才挑选到我们的团队中去。

◆ 观人识人、知人善任，这是微商团队领导者所必须具备的能力和素质，就像兵法上所讲的那样，知己知彼方能百战不殆。

◆ 团队管理主要是管理人和事。而事情又需要人来完成，所以人员的识别和管理对团队的发展前进起着至关重要的作用。管不好人，所谓的团队管理将是一句空谈。

◆ 微商团队管理者必须具备领导力，要明白领导力是领导通过具体的实践活动所呈现出来的管理能力。它是管理系统中战略性和根本性相结合的核心系统，领导力主要体现在领导者个人的人格魅力和吸引力上，是保持一个团体或组织持续发展壮大的主要管理力量，领导力水平的高低便成为衡量管理工作成败的重要标准之一。

◆ 微商团队管理者应时刻提升自身各方面的综合素质，“兵熊熊一个，将熊熊一窝。”团队作战能力的强弱，关键在于统帅能力的高低，没有水平的统帅只会带出一支绵羊般的队伍，软弱无能，处处受人欺凌；只有能力超群的将领才可以打造出虎狼之师，攻伐作战，无坚不克。

◆ 作为团队的领导，最重要的是如何让自身的领导力得到不断的提升，同时在这种提升的过程中影响到团队的发展前进，让所有团队成员紧密地围绕在自己身边，结成一个团结牢靠的整体，劲儿往一处使，才可以让团队永远立于不败之地。

◆ 领导这两个字拆解开来就是引领和导向的意思，而要具有高超的引领和导向能力，就必须使自身拥有高水平的宏观控制和协调本领。也就是说，自身水平的高低决定着团队管理水平的优劣。

◆ 作为一名合格的团队领导，必须使自我站在一个高度上看待整个团队以及内部成员的走向脉络，这样才会更有助于他全面地掌控团队发展的大方向，这也是管理工作中领导力的重要表现。

◆ 微商团队管理工作的主要内容就是如何使用人，会使用人才将会推动团队的大发展，不会使用人才只能使团队发展停滞不前。

◆ 微商团队里面，聪明的领导同时还是一个善于造梦的大师。总是能在适当的时机内给员工描绘美好的未来，高楼大厦、牛奶面包，只要现在我们肯脚踏实地努力工作，这一切都不是问题。人们对未来都有一种憧憬的心理，希望明天比今天好，所以在领导的精神鼓舞下，可以很大程度上激发员工的工作动力，挖掘出他们身体内部的潜能。

◆ 当团队处于困难的境地时，更需要领导去造梦，以鼓舞员工的斗志，众志成城、共度难关。

◆ 微商团队领导，要使自己具有设计师的本领，站在高处想事情、看问题，并要善于为下属描绘本组织的愿景，提出一系列催人奋进的目标，并在此基础上指引下属为之努力奋斗。

◆ 微商团队领导，必须注重激情的重要性。激情不仅是一种情绪状态，更是一种催化剂，起到感染人、鼓舞人的作用。领导的无限激情会让下属看到希望，增强自我战胜各种艰难险阻的信心。

◆ 微商团队管理者应当牢记“严以律己、宽以待人”的古训。意思是对自己要求一定要严格，而对别人要宽容，正所谓“宽一分是德”。

◆ 作为微商团队管理者，我们应时刻用宽容的心态和眼光看待问题，相信施一份恩泽，将带来无穷正能量的回馈。

◆ 权威在管理工作中非常重要，它代表着一种威严的气势，有这种威严作为基础，才能很好地领导下属开拓进取、勇往直前。

◆ 领导团队成员离不开必要的管理，而管理又必须以领导者的权威作为生存基础，这两者是一个相辅相成的关系，互为表里。

◆ 微商团队管理者要明白哲学上讲得“刚易折、柔长久”的道理，实际管理工作中做到刚柔并济，如此才能使团队的管理张弛有度、进退自如。

◆ 微商团队管理者必须具备战略思维。战略就是事物发展的宏观走向。就如一条奔腾不息的长河一样，不管它怎样地九曲连环，最终都要东流入海，这就是它宏观的发展趋势，无论具体的过程如何起伏波折，有战略才有日后的辉煌。

◆ 团队战略决定了团队的未来，它对一个团队向心力的凝聚有着巨大的催化作用，促使团队成员在这个基础上形成共同的信念和追求，即使在遇到困难的时候，也会因这种强大的凝聚力而共克难关、勇往直前。

◆ 团队战略不仅给团队的发展指明了路径和方向，同时它还能为人们提供最宝贵的精神动力支持，让团队成员内心升腾起干事创业的万丈豪情，有了精神作为动力支持，就一定可以创造出许多奇迹来。

◆ 微商团队管理者，首先要明确团队的战略方向，并有切实可行的制度设计与规划，这样会使团队成员责任清晰，明白什么该做，什么不该做，相互之间协调一致，工作有了针对性，便能取得事半功倍的效果。

◆ 微商团队管理者要善于打造团队使命。团队的使命对团队的发展壮大甚至生死存亡有着至关重要的作用。它是一个团队的信仰和灵魂，是团队前进道路中的旗帜和灯塔。或者说，团队使命在团队的成长中已经内化为团队的一种信念文化，它的存在也从根本上确保了企业能够做到长盛不衰发展态势。

◆ 微商团队领导不仅要使成员明白团队的使命，并要努力使他们成为使命的继承和传播者，使团队内部的发展呈现一池春水的局面，永远活力四射，蓬勃向上。

◆ 微商团队领导要将公司战略目标和团队战略目标统一起来，促使公司与团队、团队与团队之间上下齐心、众志成城，形成发展的合力和凝聚力，这也是一个团队领导者领导力的重要体现。

◆ 微商团队领导，务必要使团队成员明白长期目标和近期目标的关系以及两者之间的重要性，两者不可偏废，更不能割裂开来。

◆ 微商团队要发展，要实现目标的胜利，就必须要科学合理的目标规划。促使团队成员在发展方向上目标清晰、职责明确，统一思想和行动，统一规则和声音，进而形成发展的合力和凝聚力，促进最终目标的实现。

◆ 微商团队规划就是团队发展的“纲”，纲举才能目张，有了科学可行的管理方案，团队的发展才能在健康有序的轨道上运行下去。

◆ 微商团队领导，在具体的管理角色中还要充当团队的“拉拉队长”，为团队成员呐喊助威，想尽各种办法鼓舞他们饱满的斗志。

◆ 信任是团队沟通的基础，它决定着团队是否能保持和睦关系的全部。

weixin yingxiao yulu

9 微信营销语录

◆ 不以结婚为目的的谈恋爱都是耍流氓，不以营销为目的的营销都是耍无赖。

◆ 微营销和线下实体营销有很多相似之处，其中一个重要因素就是满足客户最大的需求，抚摸客户的“痒点”，让客户觉得舒服。所以，我们要把营销的重点放在客户最关注、最需要的地方。

◆ 微商充分尊重粉丝，一切以粉丝为中心。

◆ 微商作为一种新型的互联网商业模式，其生存的关键就在于粉丝数量的多少和质量的高低，可以说，我们的产品一旦没有了粉丝的存在，那么后续的营销工作便无从谈起，犹如无本之木、无源之水一般，失去了其应有的意义。

◆ 微商运营活动要注重对粉丝的吸收和维护工作，他们想粉丝之所想，急粉丝之所急，一切以粉丝为中心，微商也正因为如此才焕发出迷人的光彩与魅力，许多第一次体验购买之后的消费者也成为了“意志坚定”的回头客，这也是微商所不同于其它一般商业模式的显著特质。

◆ 没有信任就不会有微商的生存之地，这一条法则已然成为了绝大多数微商恒定不变的信条。信誉两字价值千金，微商所代言的产品因信誉而获得广泛的美誉度，在激烈的商业模式竞争中获取了重要的一席之地。

◆ 做微商，要注重产品信息的传播工作，将这一工作做好了，产品销售自然也会水到渠成；不要在代理产品之后，先去想着如何赚钱，基础工作做不好，无疑是本末倒置的错误行为。

◆ 谁注重信息的传播，谁就抓住了微商营销工作的实质，并可以在这个基础上成为众多同类产品的“明星”，其炫目的亮度自然就会引起广大消费者瞩目和关注。

◆ 微商产品信息传播，要懂得方式和技巧，牢牢把握传播三大要点，再去结合自身的微商实践，灵活地加以运用。

◆ 不管运用何种平台，何种途径，所有的微营销都应该建立在合作共赢的基础之上。

◆ 不管你卖的是什么产品，不管现在微商的规模如何，不管你的商业模式是什么，做微商一定要把合作共赢作为首要准则，这样你的微商才能做的长远，越做越大，越做越好。

◆ 免费体验最大的优势就是能够迅速提高市场占有率，快速获得大量用户，这一点对于微商来说非常重要。对于商家来说，试用或使用的人越多越好，每增加一个免费用户，就增加了一个以后付费用户的可能性。

◆ 免费策略是一种很强的病毒性策略，对于微商，我们也非常需要这种策略，以此来提高产品的知名度及自己的品牌，让信息传递的更远。

◆ 免费体验的产品一定要性价比高，质量好。

◆ 当一个人越是买不到某种商品的时候，他就会越想买。

◆ 饥饿营销，是指产品提供者有意降低产量，调控供求关系，制造一种供不应求的“假象”，以保证产品形象及较高利润的营销策略。这就是饥饿营销的魅力所在，让你想得到却又很难得到。

◆“饥饿营销”，在运用这一策略时，要特别重视其中的细节问题。

◆ 营销要有目的性，而这个目的要以客户的需求为导向。

◆ 我们要把营销的重点放在客户最关注的地方、最需要的地方。

◆ 在微商运营活动中，相关人员能够做好客户信息的标注工作，总是给他们以贴心的提示，在情怀工作上做得非常到位。

◆ 从事微商的人都明白，微信营销是一个人、一个号、一个点。市场需要自己搭建，这个市场到底能做多大，完全在于自己的经营能力。

◆ 必须让产品以高度个性化为营销方向，满足不同目标客户群的需要，这样才能够将营销工作搞得风生水起。

◆ 很多人认为价格影响客户需求，这是一种错误的认知，需求才是本质，相中了产品，价格真的就不是那么重要了。

◆ 维护好老客户，形成稳定的客源。维护老客户所花费的时间和精力要远远小于新客户的开发，从时间成本和利益回报比来看，无疑维护老客户更有收获。

◆ 新客户要开发，但老客户还要维护，用心经营自己的客户关系，才能够全面打开营销局面。

◆ 适时给老顾客以额外的优惠，宁愿自己少赚一些，也要把这种关系维护下去。

◆ 以精准营销为导向，注重细节。

◆ 产品定位要新鲜有趣，呈现出与众不同的特色。

◆ 客户认同商品且愉快购买的前提是，引导让客户认同你。

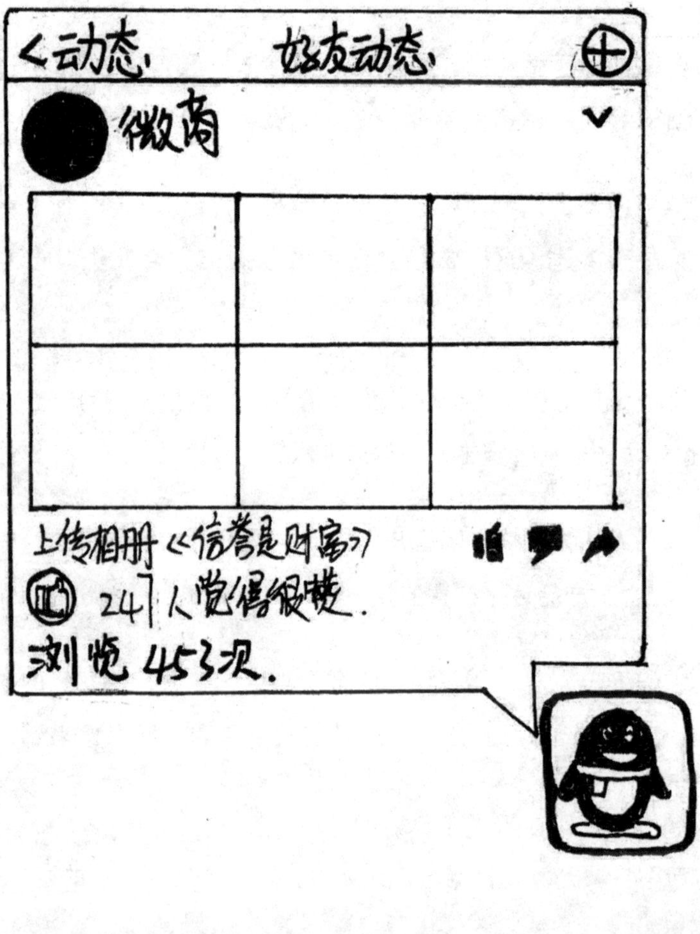

◆ 消费者购物选择极容易受到大众的影响，这是因为随大流而形成的认同心理，虽然这种心理会让消费者不自觉的产生倾斜购物，但却非常有助于微商营销活动。

◆ 一个成功的商人，一定是将构建信任放在首位的。

◆ 微商赠品，是为了引导用户更多的去关注，激发用户的购买欲望。

◆ 微商营销 1+1，一定会大于 2。在微商中，我们也应该学会借力使力的营销推广方式 。

◆ 微商的资本是个人品牌，个人品牌的稳固是用户的口碑。

◆ 微商本身就是在一个传播速度非常快的互联网平台运作的，在营销中如能融入故事，那么传播中会带有丰富的情感，效果会更好。

◆ 做微商，要善于挖掘或构造产品背后的故事，以故事作为和消费者沟通的话语渠道，增强他们的好奇心，如此便可以达到良好的营销效果了。

◆ 微商营销要增强消费群体的参与力度，打通消费者参与产品性能体验的通道，这样才能够最大限度地激发消费者的购买欲望，从而实现预期的销售目标。

◆ 对于我们微商来说，不管其商业模式如何变化，产品信息及时有效正面的积极传播，是提高产品影响力和知名度的重要方式。

◆ 一个成功的微商，不是产品能够获得多大的利润，不是商业模式有多么的巧妙，而是重在产品信息的传播效果上面，有了传播效果，便可以收到提纲挈领、纲举目张的营销态势。

◆ 如何扩大产品的影响力、让它被最为广大的消费群体所熟知，是我们从事营销工作人员的重要努力方向之一。

◆ 产品信息传播、推广除了充分利用网友资源优势，进行必要的线上推广之外，我们还应将目光放在网络之外，采取线下推广的方式。

◆ 微商产品信息的推广传播工作，一定要合理适当，不能因小失大，也不能犯下常识性的错误，谨小慎微永远没有错。

◆ 没有产品信息的推广传播，就不会有微商产品销售工作的深度开展。换言之，推广传播无疑成为了微商营销工作的前提和基础。

◆ 我们在开展产品信息传播工作的时候，必然要制作一些图片和文字说明，以此来吸引消费者的关注。依靠众人的能力，通过他们的分享转发，将涉及产品信息的图片和文字说明传播到各自的朋友圈空间，应当说是一种不错的传播渠道。

◆ 视频展示方式更直观、具体、生动，其说服效果也极为显著，所以在微营销中，我们要学会运用画面来体现产品的价值。

◆ 微视、美拍、会声会影、啪啪、GIF 等等，拍成视频后可以用链接的方式在朋友圈展示，从而达到微商视频营销的目的。

◆ 实时视频传播，更真实、更直观、更具体，产品的生产、收获、包装、发货等流程清晰可见，无疑极大增强了消费者的消费信心，这种牢固的情感信任也是产品销售工作成功的重要保证之一。

◆ 在拍摄视频时，千万不要简单拍一下就上传，如果视频声音嘈杂、画面杂乱，这样不仅不会起到微商推广的作用，而且还可能起到相反的效果，尤其是微信中自带的视频功能。

◆ 文字信息传播简洁有力，一个个文字犹如一个个飞舞的精灵，语言精辟、感情真挚的文字常常能引起阅读者的情感共鸣，声情并茂的文字叙述，以情动人的文案策划，对打动消费者的内心无疑具有极大的作用。

◆ 在广告营销中，短短的一句话或一段话，如果编排到位，用词别致，往往会起到一鸣惊人的效果。

◆ 微营销工作中，利用手机上的微信、微博等公共交流平台，我们如果能写出内容简洁、铿锵有力并吸引消费人群注意力的文字来，玩活、玩转看似简简单单的文字，是营销学中一门很值得研究和重视的学问。

◆ 文案的写作要贴近生活，平实有趣。

◆ 在网络微营销中有许多推送和传播产品信息的渠道，其中转发是网民经常使用的一种办法。有喜爱者就有转发者，有转发者就有接收者，在自媒体中共同形成了一条源源不断的传输通道。

◆ 从事微商活动，从线上来看，我们可以通过贴吧、QQ 群、论坛等网络平台来达到产品信息推广传播的目的。

◆ 贴吧是伴随互联网技术新发展的产物，在贴吧中，聚集了一大批有着相同兴趣爱好以及不同利益诉求的群体，并由此形成了不同种类的贴吧，我们可以从中寻找适合自身产品推广的贴吧。

◆ QQ 群的功能特性和贴吧非常相似，也是相同爱好者的聚集地，我们就可以按照贴吧的方法寻找和自身产品有关的 QQ 群，以达到推广、传播的目的。

◆ 曾几何时，论坛风靡一时，是大家吐槽、发帖的重要网络平台。虽然时下论坛的活跃度有些衰落，但是其影响力依然不可小觑，因此我们不妨采取和论坛版主合作的办法，发布一些有关产品方面的活动内容，以吸引相关人群的关注和参与。

◆ 以个性化的创意来达到销售的目的。产品销售讲究一个关注度，而创意则是提升关注度的有效方式。

◆ 定位从小的方面讲，是产品如何营销的问题；从大的方面看，是自我微商工作如何走的战略问题。所以，重视定位工作，才能够有的放矢、一击必中。

◆ 精准到位的产品定位和自我营销方向定位充分结合起来，定位合理了，目标客户群也就得以清晰明确了。

◆ 产品定位要新鲜有趣，呈现出与众不同的特色。要注意宣传的方向和重点，从不同的角度进行宣传造势。

◆ 产品信息的传递离不开特定的流程，而流程传递又可以分为两个方面，一是分享；二是代理。

◆ 清脆、甜美的语音，让人聆听之后会产生一种愉悦的享受，所以运用语音来和粉丝交流，以声音来征服他们，也是微营销的重要技巧之一。

◆ 微营销语音三原则：态度热情；吐字清晰；会找话题。

◆ 转发率就是影响力，两者是等同的关系。在微营销中，我们要想提高转发率，必须有新奇制胜的办法，线上推广无疑是其中最为有效的一种方式。

◆ 促销是让利给客户的一种行为，这种行为抓住了消费者喜爱得到实惠的心理，同时还能够极大的烘托营销气氛，对微营销来说是一种非常重要的互动模式。

◆ 微商营销活动最好自己策划，如能力资源有限，可参考一些新鲜、消费者当阶段认可的活动方案。

◆ 从事微商，我们就要善于从商业实践中总结规律，然后灵活地加以变通，以促进微商营销工作的有效开展。

◆ 从事微商营销工作要能够及时回应并解答用户在购买产品或使用产品过程中的种种疑问和难题，不要给自己的拖延行为找借口。

〈 hongbao yingxiao yulu 〉

10

红包营销语录

◆ 红包虽小，但却代表了我对亲们的爱！

◆ 红包一发，热血沸腾。既然发抢红包已经成为微信中很流行的交流方式，那么，只有充分了解发红包时的大众情绪，不受情绪波动，才能为红包营销奠定情绪基础。

◆ 微信红包带给人多数是愉快的心理体验。在这种以感情、兴趣爱好为纽带的朋友圈中，发红包可以积攒自己的人气，还可以维护联络各自感情，让大家在讨论话题、抢发嬉笑中增进认识。

◆ 即时交流互动的微信红包营销，让用户更多地参与微信互动，其营销效果也必然加强。

◆ 与其说微信红包是一种交流互动方式，不如说是一种全新的、快捷的、自我的营销方式。

◆ 只有充分认识微信红包的营销规律特点，才能从根本上找到实现产品营销的突破口。

◆ 现实社会中，很少有哪一种营销手段是直接给予用户资金奖励的，因为营销的根本目的就是赚取用户手中的钱，而微信红包营销这种看似本末倒置的营销手段似乎有悖常理。或许，这正是微信红包营销的独特之处。

◆ 用户在“抢红包”的狂欢活动中“抢”到金额不等的红包，营销者用这种方式聚集了人气，提升了产品关注度，等于营销者花了很少的钱做了一个相当成功的广告，而这正是微信红包最吸引人的关键。

◆ 一分钱也会激活好友。微信红包的天然吸引力注定它不会被任何人拒绝，那些平日“沉睡”的好友，而微信红包正是激活他们的最佳路径。

◆ 只有正确使用微信红包营销，才能巧妙地激活那些“沉睡”好友，达到四两拨千斤的效果。

◆ 充分理解并掌握红包互动模式的精髓，在具体实施上，一是要有针对性，不是说任何人都要去发红包，那样做得结果是得不偿失，浪费个人的金钱；二是红包不在多少，重在交流沟通，做到适当、适度即可。

◆ 微信红包营销中，用户积极参与的一个重要原因是可以在微信红包中获利，这是他们参与微信红包营销的一个前提。微信红包带有一定的资金奖励，让用户乐于参与其中。

◆ 采用红包诱导的方式来吸引关注。有些微商人员常常自作聪明，为了节省费用又可以提高关注度，经常采用欺骗的手段，所发送的红包是假，诱导粉丝阅读信息是真。这样一来，当粉丝点开红包之后，发现受了愚弄，这时他们愤慨和郁闷的心情可以充分想象得到，不仅没有起到传播效果，还平白得罪了一大批粉丝。

◆ 讨红包要看对象，要看彼此之间的熟悉程度，但是有些微商人员却不懂得人际交往法则，往往喜欢群发讨红包，这样将自己的位置都摆错了，又何谈产品信息的推广传播呢？

◆ 红包互动模式重心在物质利益刺激，善于抓住人性喜欢利益的特点，然后以此打开“缺口”，将粉丝牢牢抓住。

◆ 每新加一个好友之时，如果直接和对方介绍产品方面的内容，很有可能会引起对方的极大反感，这时不妨发送一个红包，以红包作为切入点，将有助于彼此从陌生到熟悉，从熟悉到最终的成交结果形成。

◆ 对于老客户，其中一部分由于种种原因而长时间地缺乏直接联系，这个时候适当的红包刺激也可以将彼此僵化的关系打破，重新建立起亲密的情感关系。

◆ 从人性的角度看，很少有人能够拒绝物质方面的诱惑，从天而降又充满意外之喜的红包，相信大多数人在打开之时一定会心花怒放，喜悦的情绪产生之后，彼此互动的基础就得以产生了。

◆ 在派发微信红包的基础上，要善于运用点赞、评论的功能。当别人发微信时，我们要及时点赞，多评论，千万不要吝啬对别人的赞美和祝福，或者给他来个一分钱红包，送上对他的祝福，这也会展示我们自己的美德和人格魅力，为下步的产品营销铺路。

◆ 微信交流是相互的，要想为营销打好基础，就要在发小红包的基础上，适时互动，保持活跃度，这样才能取得好效果。

◆ 微信红包须穿越三重境界，方能在红包营销的路途中破茧成蝶，达到最优营销效果。

◆ 微信红包的推出，很大程度上拉近了用户之间的距离，无论大家相隔多远，只要有手机有网络，就能享受发、抢微信红包带来的乐趣。毫无疑问，微信红包已成为大数据时代下最为流行、最为便捷的互动交流方式。

◆ 朋友群是微信红包的载体平台，是构筑抢、发微信红包的桥梁纽带。只有建立一个活跃适中、有共同话题爱好的朋友群，微信红包才能生根发芽。所以，寻找适合自己的朋友群，是微信红包的第一步。

◆ 口令红包，与其说是在玩“红包”，不如说是在玩“口令”游戏，但大道至简也能带来丰富内容，这必将创造更多交流、互动和营销利好。这是更为直观的营销方式。

◆ 相比微信红包，口令红包的规则更简单，更加注重趣味性和用户内心情感体验，文字口令也更适合用来传达感情，是一种互动性层出不穷的“趣味红包”。

◆ 从本质上看，口令红包首先是以朋友圈好友和朋友群互动为基础的“社群红包”，同时又是一种规则简单，玩法层出不穷的“趣味红包”，更是不折不扣的“情意红包”。

◆ 口令红包自带恶搞、自嘲、起哄等时尚玩法，对于众多无处宣泄的网友来说，发的不是红包，而是乐趣、情绪，也是智慧。

◆ 口令红包的玩法花样百出，通常是先由某人引出一个话题，比如戏谑严厉上司、适度自嘲、评论某一社会现象等，再发出红包活跃讨论气氛，从而带给用户丰富刺激的体验。

◆ 作为一种高效的营业推广手段，口令红包能够使目标用户产生强烈的、即时的好感。虽然我们耗费的口令红包只有百十来块而已，但是能够成功调动用户参与积极性。

◆ 作为微商，我们更要利用好口令红包这种新颖的营销模式，预先设计好红包所代表的产品品牌或产品推广语，以简短有力、适合口口传播的词汇，提炼营销产品最核心的优势，展示产品最具竞争力的卖点，尽量做到让人易懂易记易传播。

◆ 在不同的朋友群要长期使用同一个宣传主题，才能推动口令红包营销深入人心，使红包营销活动在用户心中占据一席之地，最终将红包营销活动本身打造成一个独立品牌。

◆ 红包互动，这种看似游戏式的营销，引导营销活动从单向传播转为双向互动，产品传播更为有效。

◆ 红包游戏，让传播更给力。

◆ 红包游戏带给用户新奇体验和互动乐趣，也让微商产品的传播更加便捷、传播力更加强劲。

◆ 在红包游戏中，微商通过发红包而引导用户参与产品传播与营销，形成了一种经销商——产品——用户的高效营销模式，这改变了过去传统的低端营销格局，突破了时空限制，增强了互动性。

◆ 作为微商，我们派发的红包更像是一笔广告费，当然这也是一笔用在刀刃上的广告费。在我们发起的红包游戏中，经过热情的互动后，就要适时推出产品主题，引导用户参与讨论，并态度友善、热情到位地及时解答用户提问，真心诚意关心用户对产品的意见建议。

◆ 红包游戏本质上是一种不容忽视的营销手段，我们可以通过不断地观察消费者的喜好特点，进行深入细致的数据分析，从而获取精准客户。

◆ 小小的红包游戏可以为微商带来精准客源，有力地证明了红包游戏和精准客源之间的关系——对于拥有相同消费观念的潜在客户，很容易通过类似的产品传播而成为真正的客源。

◆ 红包将社交与市场营销相结合，在推广品牌、提升形象、促进销售的同时，也节约了大量的宣传成本。

◆ 随着红包功能和规则的不断完善，用红包来进行商品营销，成本远低于传统的线下广告投入，引领了整个营销潮流。

◆ 在微信红包奖品设置上，可设定不同等次的奖项，营造出一种浓厚的游戏氛围，最大限度地激活对方分享朋友圈及邀请好友参与的积极性。

◆ 红包营销一定要有的放矢，才能取得最佳效果。

◆ 红包营销中，无论是派发红包，还是免费送出产品，都是采用让利的方式吸引用户关注，这种通过微信朋友圈定向添加的好友或者是定期针对特定用户的让利优惠，体现了对潜在用户的定位更为精准。

◆ 对于微商而言，给新用户留下好印象的最佳途径莫过于发红包了，我们用数额较小的微信红包拉近彼此距离，增加相互信任。

◆ 通过发红包建立朋友群，然后将新用户拉进群中，进一步获得潜在客户。

◆ 红包营销中，必须要有锲而不舍的韧劲和创新的发散思维，不断优化营销策略。

◆ 开展领红包兑奖品让利活动，这其实是对用户的二次筛选。用户在网络中抢红包，然后到实体店中兑换商品，这种方式将线上线下相结合，最大限度地增加实体店的客户来访量。

◆ 红包是微商与用户之间互动非常重要的一种方式，因为通过微信红包回馈老客户、刺激新客户总比登门拜访客户要省时省力，更能节约成本。这样做不但有效调动了新老用户的积极参与，也让产品获得更大层面的传播。

◆ "互联网＋"的本质就是用户至上，红包营销当然更不例外。我们可以在节假日期间，为购买过产品的用户发个祝福红包，适时为用户送出小"惊喜"，让用户感受贴心的服务与温暖。

◆ 微信群中，先发红包再群发广告，这样既帮群主活跃气氛，也不会让用户产生抵触情绪。这种群发红包营销模式，精准度极高，成本远低于投放媒体广告。

◆ 微信红包点赞营销正在成为千万微商宣传促销的新载体，它具有低成本、见效快的特点，以小成本投入形成大辐射优势。

◆ 在红包营销中，微商们需要精准定位目标用户，并最终实现成功营销。微商通过与用户接触，分析用户购买能力、喜好特点，然后要求用户集齐点赞数量领取红包。这是一种“三赢”效果，微商们以低成本实现了产品传播，点赞者认同商品，被点赞者获得成就感。红包点赞营销应用范围极广，手法简单有效，传播速度快。

◆ 红包点赞营销中，通过红包点赞营销，配以图文并茂的软文，通过千百好友的不停推送，用户对于商品的认可度也逐渐提高，再次购买的几率大增。

◆ 利用红包点赞营销，微商们获得点赞、评论越多，意味着销量越多、人气越高。微商们采用点赞发红包的方式，先鼓励用户集赞，随着点赞人快速增长，成功带动用户们的购买从众心理，进而达到宣传目的，实现营销最大化。

◆ 作为微商，一定要遵守法律法规和社会公德，遵守《微信公众平台运营规范》，做依法依规进行红包点赞营销的典范。

◆ 分享奖励手段也离不开红包营销，我们应当采取先发红包、后要求粉丝发起转发分享活动的方式，因为有了红包激励的前提，相信会有很多粉丝参与进来，以此扩大粉丝参与度和信息传播面。

QQ yunying yulu

11 QQ运营语录

◆ 人靠衣装马靠鞍，微商 QQ 营销靠包装。

◆ 把微商运营要素与 QQ 营销要素有效结合起来，有效突出其各自优势。

◆ 微商 QQ 空间，你的地盘你做主。

◆ 做营销，就是做好产品销售，传递价值，和客户成为朋友。QQ 空间是一块宝地，利用的好的话，销量和转化率会不断上升。

◆ QQ 营销，产品展示之外还要有生活展示，更富有气息和亲切度，关注度也因此会得到大幅度提升。

◆ QQ 营销做好了，其实是最有效的宣传营销方式，同样，QQ 营销也是比较流行的自媒体宣传方式之一。我们完全可以利用 QQ 营销打造自己的品牌。

◆ QQ 营销，可以根据条件搜索 QQ 群和 QQ 好友，有针对性地进行加粉工作。更可以进入影视、运动等的爱好群，利用共同爱好获得信任。

◆ 不管推广什么，重在内容为王，利用好 QQ 里面日志、相册以及说说三个方面，这三板斧运用好了，就能够有效吸引粉丝的关注。

◆ 对于日志，也是体现你价值的方式，根据自己的经验与知识积累，发布一些精彩的软文，搭配精美的图片、视频，增加文章吸引力，提高文章价值。好友的转载也无形中为你做了很好的宣传。

◆ 相册是做营销推广的重要地方，如果我们将营销的产品放在相册中，则产品就会得到很好的推广。

◆ 相册分为生活、游玩、商品三大类，相册名称明确，让好友能清晰地了解你的商品，这样比较有针对性。

◆ 不要小看留言板，留言板有很大作用，对于增加访客的活跃度和信任度都很重要。

◆ 个人档主要是说明自己的简历，在上面写下个人的基本简历，诸如自己的产品功能信息等；如果有相关链接的，也可以添加到上面，力争一目了然。

◆ 人气高的 QQ 空间有很多特色和技巧，多关注这些 QQ 空间内容，加强自我学习。

◆ QQ 营销虽说效率高，适用性强，但由于营销的主体不同，采用的方式不同，效果也会有所不同。

◆ 针对 QQ 营销目标性强的特点，所以适合推广一些简单、明确的产品和项目。

◆ 行业及个人爱好不同，QQ 群在某个领域或对于某些人来说非常火爆，对于这一类人或这一行业，采用 QQ 营销无疑是最好的方式之一。

◆ 维护现有客户是营销的重要工作之一，而通过 QQ 可以将这一工作做的更好。

◆ 不断挖掘开发潜在客户，促使老客户进行重复消费，是营销的目的之一，而用 QQ 营销可以有效达到这一目的。

◆ 从营销的角度讲，QQ 自媒体也应该有一个“靓丽的形象”，这样用户才能在众多的好友中第一眼就看到你，并留下深刻的印象。

◆ 如果你的微商主体是企业，目的是宣传企业文化、推广企业产品、提升人们对企业品牌的认知度。那么，QQ 头像要设置成企业的 logo。

◆ 如果你的微商主体是个人，要树立个人的微商品牌，QQ 头像最好设置成个人头像，以此来扩散自己的个人品牌。

◆ 以营销为目的的 QQ 网名一定是要优化的，要让网名起到广告推广的作用，让对方第一眼看到你的网名时，就能够吸引他的关注，并留下深刻的印象。

◆ QQ 营销中，无论是个性签名，还是企业品牌推广，以简短、简洁为最好。

◆ QQ 营销中，要善于沟通。有效的沟通，才会有有效的营销。

◆ QQ 营销中，对一些常用的语气词要勤加练习和掌握，做到亲切和蔼，给人如沐春风的感受。

◆ 聊天中我们经常会使用一些表情头像，如呲牙、微笑、偷笑、害羞、白眼、晕等等，应当注意合理使用。

◆ 在 QQ 营销中，不可随意的称呼对方，在称呼对方时，以尊重对方和抬高对方为基础，因为恰当的称呼能够有效拉近彼此之间的距离。

◆ QQ 营销中，要跟着用户的聊天节奏来沟通，让自己的速度慢下来。

◆ 回复用户信息时的速度，应当根据探讨问题的深度和节奏，把握好缓急频率。

◆ 使用 QQ 和用户打招呼，要给用户一种舒适的字体，看起来有一种舒适的视觉享受。

◆ 使用 QQ 和用户沟通，在时间的选取上要把握好的节点，以不打扰客户休息或工作为第一。

◆ 尽可能地让 QQ 号码和企业电话号码设为一致，这样，一方面可容易让客户记住；一方面无形中也提高了公司的档次，显示出我们最大的诚意。

◆ 聊天窗口优化设置最好的方式，无疑是在聊天窗口右边放上公司 logo，公司网站链接、营业执照、获得的相关证书及联系方式等内容，这样在有效将公司品牌宣传推广出去的同时，也展现出了企业的权威性和正规性，提升用户对企业的信任感。

◆ 将企业营销 QQ 与企业网站绑定。如此企业营销 QQ 就可以一天 24 小时在线，只要有用户去访问企业网站，企业营销 QQ 便可以自动识别，并加来访者为好友，从而有效收集到潜在客户的信息，便于营销人员进一步沟通。

◆ 无论是普通 QQ 还是企业营销 QQ，这一功能对于营销者来说非常实用。我们可以利用这一功能对客户进行标注，可以分别备注成“成交客户”“潜在客户”“老客户”等，同时还可以根据自己的营销方式进行备注。这样便于我们在营销的过程中更加有针对性的推广，采用更加有效的推广方式与用户沟通。

◆ QQ 空间的设置很重要，一个精心设计的空间会给好友留下深刻的印象，同时能够起到事半功倍的营销效果。

◆ 我们可以根据营销的主体来有针对性的装扮空间，确定 QQ 空间的营销方向和策略。

◆ 微商软文营销，转发的人越多，则效果越好。

◆ 软文是在 QQ 空间做推广最简单的一种方法，把文章的链接发给自己的朋友，让他们评论和转发，这样的文章点击率肯定会很高。

◆ 软文可以在任何一个自媒体平台上进行推广，而 QQ 空间的日志功能就是一个非常适合软文营销的平台，因为有庞大的 QQ 用户，只要内容精彩，就容易获得较大的点击量。

◆ 善于将 QQ 空间和腾讯微博充分结合在一起进行营销。

◆ 微博是目前最流行的自媒体之一，腾讯微博在近几年的发展中，也逐渐庞大起来。因为腾讯微博和 QQ 空间是在一个平台之上，所以，QQ 空间的有些营销内容可以同时分享到腾讯微博当中去，从而达到一种两者相互推动影响的效果。

◆ 从事 QQ 营销，每天要做到及时更新空间内容，如此能够有效引导用户直接进行点读。

◆ 日志内容要想赢得用户的转载，最基本的一点就是对用户有用，不管是实用性、娱乐性还是纪念回忆性，都必须是客户有所需求的内容，能够给客户带来一定的分享价值。

◆ 日志内容的趣味性是引导相当一部分人点击查看并转载的原因之一，因为有相当一部分人玩 QQ，看 QQ 空间的目的就是为了娱乐，能够从中寻找到一些新鲜有趣的东西。因此，日志内容必须带有一定的趣味性，让用户读了之后身心愉悦并有所收获。

◆ 从事 QQ 营销，要学会巧用风头信息以及热点新闻，让用户转载阅读的同时，也将自己营销的主体产品融入其中，在这些信息“爆炸”的同时，也让自己所推广的主体产品爆炸，以此达到营销的目的。

◆ 注重圈子、人脉以及六度空间，深度开发社群潜能，充分发挥营销优势。

◆ QQ 群之所以会受到如此多营销人员的喜欢与青睐，其主要原因在于操作简单、成本低以及互动性强三大优点。

◆ 从事 QQ 营销，寻找并正确加入 QQ 群，加入后“先谋而后动”，有计划目标的去做事，成功的几率会更大。

◆ 从事 QQ 营销，要选择合适的 QQ 社群。

◆ 从事 QQ 营销，有条件和精力的话，不妨创建自己的 QQ 社群，如此会让我们具有更多的营销自主权，让用户更加具有粘性。

◆ 从事 QQ 营销，条件允许，完全可以申请成为 QQ 会员，虽然要付出一定的金钱，但在另一方面，QQ 会员可以享受更多的 QQ 群权利。

◆“无规矩不成方圆”，只有制定了相关规定之后才能让事物朝着健康的方向发展，朝着自己想要的方向甚至有利于自己的方向发展。

◆ 成立 QQ 社群很重要，但更重要的是，要保证优质的群成员。

◆ 对那些不太活跃、高频率发广告以及在群中具有消极影响的群成员，务必要定期清理；另一方面，能够从一些活跃的群里邀请一些高质量的群成员加入进来，以保证群成员的优质度。

◆ 管理 QQ 社群，如果个人精力不够，要选择称职的管理员加入进来参与管理。

◆ QQ 社群中，管理员除保证群成员不违反群规外，还要活跃群内的气氛，适时引出一些探讨性的话题，引导群成员参与。因此说，选择群管理员，尽量选择性格外向、原则性强的行业内人士。

◆ 提升 QQ 社群活跃度，不妨适时举办线下活动。

◆ 微营销中，只有线上与线下结合起来，才能达到最好的效果。增加线下活动可以提升群成员的凝聚力，让群的生命力更持久。

◆ QQ 社群营销推广，推广内容一定坚守少而精的原则，每天最好只发一次，同时每次发送不要只是简单的几个字，内容各方面要制作的漂亮一些，给人一种新鲜感。

◆ 内容方面，最好能够图文结合，与群主题相关，以此来提升营销内容的可读性。还可以提出一些敏感性的问题，来激发与群友的互动性，从而提高营销质量。

◆ 注意群发营销信息的发送时间，最好在中午 12 点 30 到 13 点 30 之间，晚上 20 点到 21 点 30 分之间，这段时间正好是大多数人刚吃完饭休息的时间，在线人数较多。

◆ 巧妙利用 QQ 微博营销，充分发挥其 QQ 用户量庞大的优势。

◆ 利用 QQ 微博进行微营销，具有很多其他自媒体所不具有的优势，把握其中的要点和特点，能够对我们的微商营销活动起到锦上添花的作用。

◆ QQ 细分出了很多自媒体平台，每个平台都有其各自的优势和特点，如能将这些平台整合，便能起到 1+1>2 的效果。

◆ 我们很多人总是在微信中进行推广，似乎忘了网络中还有很多类似的平台，虽然某些平台不起眼，但也有很多的用户。

◆ QQ，作为最快捷及时的传播工具，利用博客的同时再去运用QQ做营销，然后将QQ的所有营销功能进一步组合运用，必然会有出其不意的营销效果显现。

◆ 善于将QQ聊天工具与QQ群相组合；QQ空间与QQ群相组合；QQ空间与QQ微博相组合。

◆ QQ空间与微博的主要关系就是分享转播功能，尤其是在QQ空间经营的不错，QQ好友数量及开通QQ微博人数众多的情况下，两者之间的组合营销可以让营销主体更加发扬光大。

weibo tuiguang yulu

12
微博推广语录

◆ 微博玩得好，也可以当饭吃。

◆ 巧妙运用微博，展开微博营销工作。

◆ 企业营销方式应多样化，利用微博多元化特性，提升品牌公信力与影响力。

◆ 在微博推荐商品前一定要仔细了解商品的情况，最好亲自使用，在确实有好的体验前提下，将真实的体验以不那么夸张的方式告诉你的粉丝，那才能算得上负责任的微博商品推荐者。

◆ 推荐者要多动动脑筋想想欲推荐商品的价值点，或亮点，或爆点，这也是为你取得好的推荐效果提供有力的支持，试想谁会特别想买毫无亮点的商品呢?

◆ 解读不要误读，不能过度吹捧，要相对客观，要能打动用户的心，要能直击用户痛点。

◆ 推广语言要注意新媒体的叙事方式，不要过多地平铺直叙，最好能用讲故事的方式，或者用场景描述方式，来讲述选用某个商品的必要性及好处，最好让叙事显得不那么商业，不那么唐突，不那么赤裸裸。

◆ 可以适当地利用感叹、煽情或最新的网络用语，也可以充分合理地借力最新的热门事件，要好好地思考推荐语中有没有感人处，有没有创意点。有时，可以有意制造些争议点，如果能有分寸地采取“激将法”，那就更上了一个档次。

◆ 微博推广，控制两条微博间的时间很有必要，目前建议每两条微博之间最好间隔约 15 分钟以上。

◆ 注意微博昵称。个人在微博上有比较多的熟人资源，建议直接用真名；熟人资源不多的，可以取一个与自己销售商品或行业相关的名字，最好不要取太直白的卖货号或者太过稀奇古怪的名字。

◆ 微博推广客户寻找，可以寻找一些比较知名的相关行业的微博，如面膜产品，尽量多关注面膜类热门微博号，转发、评论他们微博的人就是你的目标粉丝！

◆ 微博高级搜索可以精确关键词、时间、地区等条件搜索精准目标用户，这种方式主要是通过与目标用户或产品高度相关的关键词获得用户。

◆ 必须一直关注自己的竞争对手，搜集竞争对手的客户，从自己的品牌竞争对手的粉丝中获得精准客户是一个不错的选择！

◆ 微博流量主要靠关键词搜索，与你的粉丝数量不大，所以即使你一个粉丝都没有，但只要关键词做得好，一样可以让几千万人看到。

◆ 做微博引流一定要注意，要努力坚持多刷，不要刷一两条没有流量就不刷了。因为你只有刷得更多了，搜索量才更大，让别人看到的机会就越大。

◆ 微博推广必须懂得，销售是一个概率问题，你要不断把自己尽可能与别人相遇的概率放高！

◆ 做不好微博推广，是因为你没有找到对的方法。没有目标的胡乱加人是起不到多大效果的，要学着精确客户，如此才能够得到你想要的结果。

◆ 微博推广中，要学会自我反思：推广内容有没有做过规划？需要发什么样的内容？什么时间发？发这样的内容目的是什么？你发的内容是否会引起好友的共鸣，引起大家对你的关注？

◆ 我们每个人、每件事都有他的个性，微博也不例外，要想获得更多的人关注你，你就要彰显自己微博的个性，注重自己的微博风格。

◆ 当关注人数积累到一定数量的时候，我们就可以在微博中发布一些关于我们网站的信息。一定要注意的是不要过多的发布这种信息，不然会物极必反，有很多站长因为自己微博的关注人数多了就开始大量的发布自己网站的信息，从而忘记了微博的本质只是一个社交工具，进而导致用户关注度下降，甚至取消关注的可能。

◆ 很多时候当我们微博关注用户的增加到达一定数量后，我们的粉丝数量就会遇到一个瓶颈。这时我们就应该找寻更多更好的方法来增加微博的关注数量，我个人认为可以加入很多的微博群，利用微博群这个资源将我们的网站推广出去，让更多的人知道我们的微博，关注我们的微博，从而达到我们想要的微博推广效果。

◆ 不是产品摆在你的微博上就可以，因为现在和你竞争的类似产品实在是太多啦！营销文案要给力。只要你够用心，不会做不好！

◆ 微博推广，要懂得拒绝顾客，要有高质量的客户。

◆ 经营微博和经营微信朋友圈是一样的，都需要用心和坚持。

◆ 微博推广和微博营销是一种新型的网络营销模式，因微博的火热而应运而生，其开放性、便捷性、原创性等特点也顺应了信息传播方式的趋势大变革。

◆ 微博推广效率在于发布信息的传播速度与传播量，粉丝量是其中重中之重。

◆ 无论是个人微博营销还是企业微博营销，第一条微博发什么，取决于你营销的主体以及推广宣传的方向。

◆ 善于利用智能手机进行微博营销。

◆ 在新的时代条件下，企业营销方式应多样化，利用微博多元化特性，提升品牌公信力与影响力。

◆ 微博营销具有成本低、传播范围广的优势。

◆ 通常在企业微博中，头像设置为企业的 logo，名称为企业简称，背景多以企业鸟瞰图或产品为主，布局偏向于企业网站的形式。

◆ 企业微博也是企业危机公关的理想选择平台。

◆ 企业微博作为企业营销的窗口和喇叭，不能一味的向受众传递概念和产品信息，要注意聆听用户反馈的需求和建议，从而达到完善企业经营的目的。

◆ 企业微博管理者要关注客户兴趣偏好，完善用户体验。

◆ 企业微博在信息发布的时候一定要谨慎，信息内容要真实全面，有助于树立企业的公信力。

◆ 适时检测营销效果，防止负面信息。

◆ 微博营销不是一概而论，不同类型不同战略，要有针对性和目的性。

◆ 企业微博推广营销坚持四原则：简明概括奔主题；紧贴生活要实用；层次分明，观点鲜明；坚持更新，打好持久战。

◆ 准确的定位，是成功营销的开始，微博推广营销也不例外。

◆ 微博推广营销要进行必要的内容定位，内容要有方向性，也就是给自己一个主题，然后围绕着这个主题去展开。

◆ 微博推广营销应注重文风定位，微博虽然只有 140 个字，但却依然可反映出很多潜在信息，清晰的定位可以让微博营销达到一半的成功率。

◆ 微博推广营销应注重受众群定位，对微博用户进行科学精确分析，寻找精准客户，一击必中。

◆ 微博定位不求全，但要求“专”。

◆ 微博定位风格要稳定和持续，风格反复所带来的是受众信任度的降低。

◆ 微博推广营销，掌握主导权，快速出击，一击即中。

◆ 运用微博营销，更新显得非常重要，谁要是掌握了更新技巧、更新的频率等基本方法，那么其微博营销自然能够快速见到显著效益。

◆ 增加并保持微博的信任度，不要让你的微博粉丝失望。

◆ 树立全局观念，眼光放长远，微博营销者在大张旗鼓拓展市场的时候一定要有全局观念，资源整合观念及跨界营销概念。

◆ 创意是第一生产力，创新是保持营销百战百胜、产品长盛不衰的秘密武器。同样，在微博营销中，创意是扩大影响力、扩展与吸引粉丝的有效手段。

◆ 一切科学分析、揣摩评估，都是在为微博营销做准备，为创造更高效益而服务。

◆ 微博推广营销，一定要监控粉丝数量，及时采取措施。

◆ 微博内容的分享率、转发率和流量的变化情况关系到我们营销宣传的影响力和扩大程度，是验证营销活动成败的重要指标之一，因此必须正确评估分享率和转发率。

◆ 微博推广营销应注重对粉丝群体进行有效分析，在分析评估的基础上实现了有效营销，更使自身的品牌形象得到了很大的提升。

◆ 微博推广营销，必须塑造完美形象狂“吸粉”，利用粉丝的强大传播力量做营销。

◆ 对于一个企业来说，企业形象和品牌影响力是它们走向市场的身份识别证，企业以及企业品牌形象的地位非常重要，是企业生死存亡的关键所在。因此说，微博推广营销在其中的作用不可忽视。

◆ 微博营销中要善于借助微博这一网络新媒体的软力量来提升企业品牌形象，紧紧依靠营销团队，制定合理有效的活动策划和宣传方案，提纲挈领地推动营销工作，如火如荼地开展微博营销活动。

◆ 微博营销要善于讲述品牌故事，塑造不凡魅力，人可以因为一个故事爱上一个人，也会因为一个故事而对一个品牌产生别样的情愫，这种情愫能够很好地激发消费者对企业产品形象的认同，最终成为品牌的忠实用户。

◆ 在利用微博进行品牌形象宣传时，一定要把产品优势、特色和企业文化及服务理念等最能打动消费者内心的东西，巧妙地镶嵌到企业的故事和内容中去，让潜在消费者在看故事的同时便对企业品牌有了一定的了解。

◆ 酒香也怕巷子深，这是现代营销界的共识，我们更应充分地利用微博这个大众平台来进行品牌形象塑立的活动，有了产品品质过硬的口碑，这种良性的反馈会成为我们下一步销售工作的重要推动力量。

◆ 与粉丝互动的营销活动是拉升企业人气、提高产品关注度的重要手段，微博营销也是一样的道理，必要的小活动也是吸纳粉丝、积攒人气的重要手段。每隔一段时间搞一次小活动，相当于注射一次兴奋剂，让微博人气呈现波浪式的增长。

◆ 转发有奖活动更是微博营销团队经常利用的一种活动方式，通过对粉丝转发微博内容的有偿奖励，能极大地调动参与者的热情，并形成一个巨大的辐射效应，影响到更多的人群去关注和重视。

◆ 要想让微博营销活动取得预期目标收益最优化，最大限度地扩展我们产品的影响范围，前提是活动的策划和设计一定要具有相当的吸引力和技巧，在奖品设置机制和活动环节上尽量做到花样翻新，趣味十足。

◆ 转发有奖，只要参与者在特定的时间内转发了特定的宣传内容，便可以得到一份礼品奖励，目的就是吸引更多的人成为自己营销的棋子，为自己进行更广阔的信息传播。由于符合了参与者的爱好，正好体现了最适合的才是最好的道理，预期效果反而会更加强烈。

◆ 在企业的微博平台上，为了更好地扩大影响，树立我们的良好形象，应不失时机地多方位举办营销策划活动，如公益活动、促销活动、竞赛活动等。

◆ 充分利用微博的力量，密切监测危机的苗头，化被动为主动，化危机为生机。

◆ 微博营销平台是一把“双刃剑”，在网络时代，信息传输具有快捷便利的特点，每个人都可以通过自身的媒体平台发表言论和看法，特别是一些关于他人或者企业的负面消息，很能吸引住人们的猎奇心理，自媒体在这个时候便会扮演着“扩音器”和“放大镜”的角色，引起人们的持续关注，所以要合理引导利用。

◆ 做好微博营销危机公关工作，负面的、真假难辨的信息在自媒体这个平台上会广阔的传播，瞬间便会广而告之，并形成围观局面。这种令人吃惊的裂变速度，往往使得被负面新闻缠身的个人或企业措手不及，如果我们不在第一时间给予澄清和果断处置，负面新闻便会被更多的人们评论、转载甚至丑化，当我们醒悟过来已经为时已晚。

◆ 微博营销危机公关首要原则是：防大于治。在社会化媒体时代，对于有损于企业形象的危机事件和言论行为一定要防微杜渐，发现不良状况要及时处理，以免引发累积效应，陷入被动便会覆水难收，很难再挽救过来。

◆ 在企业危机公关中，我们需要构建一套完整的危机公关体系来作为维护企业良好形象的防火墙，从预防着手，争取在最短的时间内把危机消灭在萌芽之中。

◆ 危机出现不要慌张，要果断出手：跟踪信息；引导要迅速；充分沟通；合理引导舆论走向。

◆ 从事微博营销要明白，风险和收益从来都是与生俱来相依相存的，没有绝对的风险，也没有绝对的收益。特别是在网络时代自媒体多元化的今天，各种网络媒体都有可能成为传播风险的渠道，可谓是防不胜防。

◆ 微博营销风险的防范与控制：增强安全意识；加强账号安全管理；加强企业员工的微博管理力度。

中篇
微商沟通成交

< weishang shaichanpin yulu >

13

微商晒产品语录

●●●

◆ 产品性能要过关，产品安全有保证，只有过硬的产品质量，才是打开市场大门的金钥匙。

◆ 产品选择，避免和电商发生冲突，产品要有特色和亮点。

◆ 以质量求生存，以质量赢美誉，打造出良好的品牌口碑，唯有如此，才能够始终让自我立于不败之地。

◆ 产品性能和材料来源要安全，产品的内部特性是产品安全的主要方面。

◆ 选择正品，选择大厂产品。正品或大厂产品有严格的检验流程，产品质量会得到切实的保证。

◆ 在如今产品极大丰富且竞争激烈的市场经济环境中，我们手中的产品如果满足不了客户的实际需要，那么就只有死路一条。

◆ 微商人员要认准市场，产品定位准确。正确的做法莫不如转换思维，寻找新的市场空间，及早动作，抢占先机。

◆ 一个著名的产品品牌，往往能够在自身品牌影响力的带动下，形成一个持久高效的宣传营销影响，无须发力，便可以收到四两拨千斤的效果。

◆ 产品要有出众的品牌形象，谁的品牌形象赢得了人心，也就意味着谁手中的产品已经占领了市场竞争的主动权和优先权，那么后续营销活动的开展也将会出现事半功倍的最佳局面。

◆ 从事微商的人员想要使得产品大卖，就必须树立起牢固的品牌意识，充分利用品牌影响力这一“东风”，借力使力，促使营销工作更上层楼。

◆ 产品选择要尽量大众化，这一类产品受众人群广泛，为产品大量的销售提供了可能。

◆ 注重产品口碑建设，微商产品销售，不是一锤子买卖，这样只能够将自己玩死。

◆ 根据自身的人脉特点、结合自己的圈子来晒产品，人脉特点说白了就是特定的目标客户群，结合自身的兴趣爱好圈子选择最具潜力的客户，如此针对性强，操作起来也非常方便简单。

◆ 微商在产品选择上能够做到注重客户的偏好，以高度个性化为特征。

◆ 随着时代的发展变化以及人们消费理念的改变，越来越多的人注重个性化的产品，那些能够满足自我个体独特审美趣味的产品也因此受到了广泛的欢迎，所以时下“私人定制”蔚然成风，正从侧面反映出了人们审美喜好的一个重大变化。

◆ 微商营销活动注重的是消费者的个性化需求，常规化、普通化的产品不能满足广大消费者的需求，或者是难以吸引他们关注的目光。

◆ 产品的差异化是指产品自身可以为消费者带来什么样的利益和

使用价值，满足了消费者需求的多样化和个性化，才能使产品自身在同类产品中脱颖而出。

◆ 产品的差异性优势非常重要，在同类产品中，我们想要卖给目标客户，没有优势又怎么会有成交呢？所以这就要求我们在产品的质量、价格以及特色上下功夫，力争突出其与众不同的地方，这样才能牢牢吸引客户的目光，带给他们以新奇和惊喜。

◆ 提高产品的差异性优势。所以这就要求我们在产品的质量、价格以及特色上下功夫，力争突出其与众不同的地方，这样才能牢牢吸引客户的目光。

◆ 晒出的产品做到差异化，才会有独特的亮点和卖点，才能够牢牢吸引住消费者的目光，这是激发对方购买欲望的重要前提。

◆ 产品差异化策略的出发点就是寻求市场销售的空白之处，并在这个基础上展现自身独特的卖点，独树一帜方能出奇制胜。

◆ 突出产品的差异化在微商工作中也是非常重要的一个方面，只有使得产品的差异化特征明显，才会引起消费者的关注度，并在这个基础上激发他们强烈的购买欲望，因此从这个意义上看，只有差异化的产品才是好产品。

◆ 彰显独一无二的功能特性，以此来追求那种“个别突出”的新奇效应，在产品差异化这一块领域做“文章”，从而能够很好地吸引消费者的目光，起到显著的营销效果。

◆ 同类产品中，我们所代理的产品外观设计精美，造型新奇独特，个性突出，让人一眼看去就难以忘怀，这就是产品外观差异化的具体体现。

◆ 产品文化特质差异化。在产品文化内涵上下功夫，也是微商营销工作的重点。

◆ 微商营销活动中很大一个优势就在于独特上面，微商人员事先通过大量的调查工作，充分掌握客户的各种信息数据。然后在客户的信息数据分析上，从对方的年龄、性别、爱好、收入等方面展开归纳梳理工作，从中掌握到客户消费的具体数据，同时以此为基础，在产品选择上切实照顾到客户的购买需求，满足他们多方位、多层次的个性消费理念。

◆ 选择产品，要以目标客户群的特点和自身的爱好兴趣为出发点，不能“人云亦云”，跟在别人后面做事情，成功的可能性微乎其微。

◆ 从事微商工作，售卖产品是唯一目的，也是所有微商工作的实质意义所在。从这一点来看，选择什么样的产品来晒，让客户一眼看下去便深深喜欢，将关系到我们微商事业成败的关键。

◆ 要充分结合自身的兴趣和特长来开展销售工作。一个人的兴趣和特长既是对方从事微商工作的动力，也是他能够充分懂得产品特点的一大前提。

◆ 微商工作的导向就是自身的人脉关系，朋友圈中粉丝的兴趣、爱好、收入和购买倾向等信息非常重要，掌握了这些信息之后，我们在选择产品上就会有明确的思路，不会再为盲目跟风而付出惨痛的代价。

◆ 注重消费者的消费能力，产品要适合，产品价位也要适当合理，两者有机结合，才是营销工作取得成功的重要保证。

◆ 全面中肯地认识到消费者的消费能力决定产品价位的观念，而消费者的消费能力，却又往往体现在我们的朋友圈或具体的人脉关系上。换言之，消费者的消费水平反向决定着我们产品的选择和价格定位问题，不注重这一点，我们的微商营销工作将无从展开。

◆ 无论是高档产品还是中低档产品，在每个消费者的心目中，一般都有一个心理价位，超过了对方的心理价位区间，产品的销售工作就会严重受阻。

◆ 选择好的产品意味着会有一个不错的开始，所以在具体产品选择上，充分发挥自身商业模式的优势，避免出现不应有的失误。

◆ 微商在选择产品的时候一定要慎之又慎，充分研究市场的动态和消费者的心理需求，同时结合产品具体的性能质量，全方位地考虑选择对象整体的优劣态势，这样才能够寻找到称心如意的产品代理。

◆ 选择能够带来良好客户体验的产品，切忌体验感差的一类产品。

◆ 一个好的产品体验，在客户的播传之下，将会形成一个不错的口碑，产品影响力上去了，销售工作自然就很快能打开一个不错的局面。

◆ 新手虽缺乏经验，但不缺乏头脑和眼光，按照微商产品代理规律办事，才能够在新的领域之内开辟一片新天地。

◆ 产品代理要具备持续发展的潜力，这种发展潜力一方面是针对产品质量而言的，过硬的产品质量和良好的体验感才会使产品被消费者所青睐，后续的发展潜力也会无穷大；另一方面发展潜力也客观要求新手所代理的产品必须具备合格、合法的手续，三无产品即使是有一定的质量，但是由于不具备合法的手续，将会使之缺乏必要的生存空间，注定其难以走得更为长远。

◆ 常见产品各有特色，也各有其优势和特点，但无论代理哪一种产品，质量和安全是重中之重。

◆ 没有质量就没有市场，这是从产品本身角度而言的；但反过来，没有市场也就意味着堵死了产品营销的下行通道，从市场角度看，市场需求是第一位的。

◆ 注重产品品牌的选择。产品品牌的影响力就如东风一般，立足产品品牌建设，打造名牌产品，才可能乘风破浪，直达胜利的彼岸。

◆ 产品的利润率和复购率是决定微商能否赚钱的两大方向，牢牢把握住这两条法则，选择适合对路的产品，才能够形成良好的营销局面。

◆ 产品成长背后的故事越离奇、越波折，就越能引起人们的好奇和膜拜心理，无形中就增添了对产品的好感印象分数，这也是许多著名品牌所通用的法则，其背后的故事大大增强了产品传播的有效性和延续性。

◆ 好产品意味着一种强大的品牌影响力，而品牌的概念具有定义性和宣传性的特质，它通过讲述品牌的来源和历史，从而加深了消费群体对其内涵和精神实质的认知程度。

◆ 产品背后动人的故事是一方面，然而首要的前提还是做好产品的质量，过硬的产品性能是产品流转的切实保证，离开了这一点，那么产品的故事也就成为了无本之木，只不过是昙花一现罢了。

◆ 以产品的特色去说话，有时还会比人的宣传介绍效果更好，因为实力在那儿摆着，这就是以个性魅力来征服人心的现实体现。

◆ 让产品去“说话”。让产品去“说话”，如果用更为严谨的说辞来描述，就是要让产品的特色去“说话”。

◆ 用产品的包装来说话，每一件产品都离不开特定的外包装，除了防潮、防撞等实用性功能之外，更多的是为了展示产品的外在之美。

◆ 以产品的工艺制造来说话，工艺是产品外观设计、整体造型以及生产方用心程度的直接体现，从更深层次上看，还是产品质量的一个重要参考指标。

◆ 产品介绍，抓住顾客最需要的地方，突出重点，突出优势，突出特色，没有优势的产品就意味着没有市场，切忌面面俱到。

◆ 微商销售工作，重心是产品，一切的宣传推介的落脚点依然在产品身上。

◆ 要突出产品的差别优势。差别优势是指竞争对手产品所不具备的利益点，也是我们产品独特的卖点所在，这才是销售工作的重点。

◆ 重点讲解产品的要点和给他们所带来的利益，正确的方法就是从顾客最为关心、最感兴趣的地方入手，以此来激发他们的购买欲望。

◆ 产品质量对企业和商家生存的重要意义更是举足轻重，制约和影响着产品营销的所有环节。

< weishang maihuogoutong yulu >

14

微商卖货沟通语录

●●●

◆ 对于微商来说，做好产品销售工作的首要前提就是认识自身这一商业模式的性质特点，然后从其特征入手，紧紧抓住其内在规律，才可以将产品销售出去。

◆ 一个优秀的品牌背后，都有着一段优美的故事，通过讲故事的方式，将产品的理念和内涵传递给消费者，是营销中一个非常巧妙的方式。

◆ 聊天式销售，最为重要的是以轻松有趣和顺其自然的方式进行，不要刻意为之，也不要谈论对方忌讳的话题。

◆ 沟通、交流的内涵与实质，它所指的是沟通的双方性和互动性，不仅在于客户一方，也在销售人员一方。进一步理解，在沟通交流的过程中，我们需要了解客户，客户也希望能够了解我们，这是一个双向的信息流动。因此说沟通交流从本质上讲就是一种“知彼解己”的过程，将了解他人和表达自我充分结合起来，然后站在客户的立场上去考虑问题，做到沟通“换位”，如此就会使得沟通效果更为完美。

◆ 掌握巧妙的沟通技巧，从事微商，也和形形色色的人群打交道，说话技巧就显得非常重要了。关键是要让自我拥有敢说话、会说话的能力，化不利为有利，变被动为主动，一步一步达到我们所期望的营销目标。

◆ 与客户交流，真诚实意地回答他们的疑问，不做作，不敷衍，如此赢得对方的肯定。

◆ 以信任为情感纽带，加强和消费群体的密切联系。微商营销其实也是个人品牌营销的一个重要体现，人品在其中起着无比重要的作用。这是因为微商所在的圈子是一种人脉广泛的社交圈，我们能够给消费者以无限的信任，给他们提供有用的价值，才能实现有效沟通。

◆ 做微商，时时刻刻和不同人群打交道，所以说话的技巧就显得尤为重要了，这是商业活动中营销人员所必须掌握的一大取胜诀窍。

◆ 始终掌控沟通交流的主动权，倾听客户的意见，并不意味着我们放弃了沟通的主动权。如果客户的言语符合我们的想法，那么就让对方继续说下去；若是有跑偏的情况，我们就应立即发出声音，以委婉的语气引导对方继续就这一话题谈论下去。

◆ 专业知识丰富才能够有效引导，作为卖方，自然需要对产品各方面的性能了如指掌，并以此来作为随时回答顾客提问的知识储备，也可以因此而清楚地知道什么话能说，什么话要回避。

◆ 从事微商工作，和消费者的沟通交流必不可少，而沟通和交流的目的一是为了有效拉近和消费者之间的亲密关系；二是在沟通和交流的过程中了解和掌握消费者的购买倾向和真实需求，这就好比是练习射箭一样，目标明确了，才能够有较强的针对性，如果漫无目的地胡射一气，不会有任何的收效。

◆ 在具体沟通、交流过程中，我们应当采取发问和行动相结合的策略，多方位、多渠道地探听到客户内心的真实想法。

◆ 学会主动发问。主动发问可以初步掌握客户的基本信息，也有利于打造贴心的沟通气氛，坐在一边等待客户主动询问，是销售工作中的大忌讳。

◆ 善于运用连贯发问技巧。在沟通中，连贯发问可以让顾客缺乏个人思考时间，跟着我们的思路走，这样对方的信息就会在不经意暴露了。

◆ 观察之后的提示性发问。提示性发问也是为了引导顾客按照我们的思路往前走，始终掌握沟通、交流过程中的主动权。

◆ 当场示范。客户的心理诉求清楚明了了之后，我们要以当场示范的方式来赢得对方的进一步信任。

◆ 推荐试用，切实感受产品的质量，比如化妆品行业有小赠品，直接赠送，然后耐心等待客户后续反应。

◆ 最有效的沟通是“换位”。

◆ 换位，是指能够站在客户的立场上考虑问题，所以一要做到谈话角色换位，聆听顾客的心声；二要做到情感换位，想客户之所想，以求知己知彼，无往而不胜。

◆ 一个是说话角色的换位，我们可以适当“换位”一下，让客户提问或倾诉，我方做好倾听的角色。

◆ 情感换位，把自己想象成客户，然后反向思维，如果客户遇到举棋不定的时候，应该怎么去做。

◆ 站在客户的立场上考虑问题，更能把握到对方内心最为真实的想法，消除他们的疑虑之后，接下来的销售工作的成功率就会得到成倍的提升。

◆ 站在客户的立场上倾听，对待客户所反映的问题要抱着真诚倾听的态度，重视他们所提出的各种问题，并适时适当的提出解决办法。这种倾听态度能够有效使得人与人之间潜在的防备心理迅速得以消除，增进彼此的信任和好感。

◆ 在倾听的过程中多使用微笑、向前倾斜身子、点头等带有丰富信息的肢体语言，以表示我们对客户的重视程度，这样有助于对方敞开心扉、畅所欲言。

◆ 开场白是为了活跃气氛，为下一步的沟通打基础，所以结合微商的网络语境，多去使用一些亲切、简洁的热词。

◆ 在和客户的沟通交流中，开场白用语非常重要，一个好的开场白将会有效拉近我们和客户之间的距离，让对方在感受到亲切、温馨的言语环境下和我们作进一步的交流。

◆“先生或女士您好”一语是大家经常使用的词汇，这是一种对对方的尊称，初次见面，尊重亲切的称呼会让对方的防备心理松懈下来，起到更好的气氛渲染作用，愿意倾听我们后面的讲解。

◆ 对方话语饱含尊重之情，遣词造句不亢不卑，即使当时手头有事，或者是心情不佳，但常常也不会拒绝对方的美意，这就是开场白用语所带来的巨大交际魅力体现。

◆ 在和客户打招呼的时候，如果分不清对方的性别，那么就不妨使用“亲”这个称呼，一个“亲”不仅读起来简洁有力，并且有一种天然自来熟的味道在内，可以在短短的时间内和对方建立亲密的情感关系。

◆ 如果能够清楚地区分对方的性别，这个时候就可以使用“帅哥”“美女”一类的称呼，这种称呼是一种赞美，每个人的内心深处都渴望自己是风流潇洒的男士或女神范儿十足的女生，因此“帅哥”“美女”也是微商开场白用语的热词之一。

◆ 对方主动打招呼，可以使用“嗯嗯”“呵呵”这些词语作为语气的辅助来回应对方。比如对方打招呼“在吗？”我们就可以回复“嗯嗯，在呢，亲！”回应有了，称呼有了，沟通的局面就打开了。

◆ 顾客是上帝，顾客是我们的衣食父母，无论怎样去处理和顾客之间的异议，最为重要的一点就是始终要让自己抱着“顾客是对的”的观点来处理问题。

◆ 从事微商和客户打交道的过程中，不可避免地会出现种种异议，对此我们要抱着平和的心态看待，有矛盾很正常，处理完美，依然可以达成交易协议。

◆ 在日常生活中，要多留心观察，学会总结梳理和归纳的方法，记录一些客户经常出现的问题以及处理技巧，如此矛盾发生的时候，就可以从容应对了。

◆ 学会使用间接否定法，顾客提出不同的意见，我们不要急着去直接否定，正确的做法就是先肯定对方所提出的意见，然后使用转折的语气，比如但是、虽然等词语，将自己的看法说出来，逐步消除对方的误会。

◆ 有些顾客“喜欢鸡蛋里面挑骨头”，原本一些并不是问题的事情在他们口中变得非常严重，对待这些顾客，千万不要和对方较真，针锋相对于事无补，正确的方法就是赠送对方一些产品，以利益来封住对方之口。

◆ 沟通因势利导处理法，顾客对产品提出异议并非全部都是坏事，有时候我们可以因势利导，化害为利。例如有些顾客提出产品价格较贵的异议，这时可以这样回答对方：“成本决定了我们产品的价格，如果以次充好，价格虽然便宜一些，但质量下来了，这是对客户的欺骗。”这样的回答相信会让顾客关注焦点立即延伸到产品的质量上面，他们也就不再斤斤计较价格问题了。

◆ 面对犹豫不定的顾客，我们不妨使用反问的技巧，比如反问对方：“产品质量您也了解过了，非常不错，为什么不立即出手呢？也许过一段时间就会调价。”通过这种反问的方式，会让顾客犹豫迟疑的心理得到缓解，强化他们的购买欲望。

◆ 无论处理顾客异议的技巧有多少种，需要我们始终记住的一个中心点就是顾客的意见永远是对的，不要和顾客争论产品质量或价格的好坏，不要抓住顾客问题的漏洞和他们争论不休，那样做只能够令我们更快地失去顾客，表面上看似占了上风，其实最终输掉的是我们自己。

◆ 沟通的前提是要学会善于倾听，一方面是为了显示我方对对方的重视和尊敬之情，另一方面是在倾听之中寻找到顾客最为感兴趣的话题，为下一步的聊天打好基础。

◆ 微商工作的主要对象相对都是一些网迷，他们经常看手机上网，会偶尔了解到各种国内、国际大事，所以这个时候不妨聊一些新近发生的重大新闻，以增进彼此的信任度。

◆ 从心理学角度看，人们都有渴望理解陌生人生活经历的欲望，因此在聊天中，我们也可以采取这种方式，适当地讲述一下个人的生活或工作经历，敞开心扉以真诚的姿态和对方交流沟通，有时这种交流沟通会让对方将我们作为好朋友看待，如此对我们的销售工作会起到极大的推动作用。

◆ 沟通中适时赞美对方，可以从对方的衣着打扮以及言行谈吐中入手，给对方一些小小的赞美，以赢得顾客的欢心。当然这种赞美一定要适时、适度，过分的夸奖反而会使效果适得其反。

◆ 沟通中懂得关心对方的生活，这种聊天方式适用于老顾客，要从关心对方入手，比如可以询问“您儿子升初中的问题解决了吗？”或者是“近来您父母的身体怎么样了？好转些了吗？”这种聊天方式会使顾客感觉我们一直在关注他们的生活，感激之下就会有下单的倾向了。

◆ 沟通中聊天的气氛和话题要轻松有趣，尽量选择那些轻松有趣的话题，开怀大笑之后，彼此的情感联系就更加紧密了。

◆ 沟通中聊天要顺其自然，聊天的实质是随性而谈，过于专业的问题会让顾客无所适从，这样就失去了聊天的作用了。

◆ 沟通中不要涉及敏感或忌讳问题，对于顾客不愿面对的问题，我们也不要主动涉及，有时对方遇到了情感问题，主动提起我们可以开导一下，对方不说我们也不要提及，以免对方尴尬。

◆ 客户见证，是一种有效的说服证据，利用好客户见证，会极大推动我们营销工作的开展。

◆ 和客户沟通交流，目的是为了促成产品的销售，而有力的客户见证，将是说服对方的最好理由。

◆ 全面清晰的客户见证，是一种产品价值体现。我们通过全面清晰的客户见证，能够让顾客亲眼看到产品的优势和价值体现，如此更具说服力。

◆ 客户见证，是一种刺激心理学方法的运用。

◆ 晒出客户见证，要直接晒出结果，客户见证的一大特点是简洁有效，以最为直观的画面感给顾客以视觉冲击。所以，不要将繁琐的过程呈现给大家，直接晒结果就可以了。

◆ 客户见证大多时候可以采取截图的方式，告诉顾客以结果，但有时详细的数据更有说服力，数据更为明了直观。

◆ 微商大咖作为微商领域的知名人士，其事业的成功有着强大的影响力，说服力更为有效，所以适当采取措施晒一些微商大咖的见证，对顾客的打动效果会更好。

◆ 勤沟通，多问候，朋友为什么是朋友？熟人为什么能够成为熟人？其中的原因就在于我们和对方的紧密联系关系，如果常年不联系，进而切断彼此之间的关系，那么所谓的“朋友、熟人”关系也就不存在了。

◆ 问候是沟通交流的一种，但相对于沟通、交流来说，问候所体现的侧重点在于关心和关怀上面，能够有效促进彼此情感的升华，从顾客层面上升到朋友层面。问候语也不必过长，不要去重复抄袭，自我构思就行，简简单单的一句真诚关怀，就会收到润物无声的良好效果。

◆ 沟通交流时面对客户要求，首要一条是不拿公司的原则作交易，能办到就去办，不能办到解释原因，千万不能勉为其难。

◆ 客户提出种种过分的要求，我们应尽量采取一些委婉的方式，柔中带刚，以求息事宁人，减少不必要的矛盾冲突和纠纷。买卖不在情义在，委婉的说辞会让对方更容易接受一些。

◆ 做好相关的解释工作，有些时候客户提出的要求超越了我们可接受的限度，这个时候我们就应当向对方解释办不到的原因，将原因详细地告知对方。

◆ 灵活运用“以退为进”的策略，以照顾对方心理感受为基础，告诉对方我们需要先考虑一下，然后再给他们回复。如此缓和一下气氛，留一些回旋余地，等时过境迁之后，再向客户解释办不到的原因，很多时候也能够使客户作出相应的让步，不再固执己见。

〈 weishang dailizhaoluyulu 〉

15

微商代理招录语录

◆ 活鱼能逆流前进，死鱼则随波逐流。总有一天，你会发现不被自己所重视的微商，却带给了自己意想不到的启发和收获，也许是思想上的开导，也许是财富上的得到！不要犹豫，把握机遇，命运会因此而改变。

◆ 在商业中，总会出现一部分人先吃肉，一部分人后喝汤的现象。纵观历史，面对商机，有些人只是观望，有些人则是心动，还有人仅仅口头上说说而已，不肯付出实际行动，试问，这样的我们如何才能获得成功呢？

◆ 微商操作形式简单，易学易懂，不需要有多少的投资，也不耽误上班照顾家庭，和日常生活没有实质上的冲突，甚而还将实体店必要的房租、水电费都省去了。虽然其模式简明，但是对我们来说，未必不是人生的另一个新起点，也是我们梦想扬帆远行的重要载体，认真沉入其中，获取人生宝贵的第一桶金，这才是正确理智的选择。

◆ 千万不要小看微商，你在笑话我，其实我也在笑话你，因为你从不懂我努力背后所收获的精彩。

◆ 做微商，我需要刷屏，但这无可厚非，如今就连孟非、老郭、吴昕等大明星也加入了卖产品的队伍，你还有什么放不下来的呢？

◆ 从事微商工作，有人担心，担心会被好友屏蔽或删除，其实调整心态，问心无愧就好。

◆ 做微商，我们从不会向任何人无休无止地推销，信任我你就购买，不信任我就暂时放下，绝不弄虚作假、夸大自我，始终立身周正，不偷、不抢、不骗，辛辛苦苦努力耕耘，彼此珍惜宝贵的友谊，无须向谁证明什么，做好自己就好。

◆ 不要看到别人成功之后就羡慕嫉妒恨，要问问自己做了什么？是否具备无畏的勇气？

◆ 微商从问世以来，几经波折和沉浮，但风雨过后，迎来了美丽的春天，微商在新的时代经济条件下，成为一种不可或缺的商业模式。

◆ 做人最怕前怕狼后怕虎，犹犹豫豫无疑会丧失许多宝贵的机遇。没有付出就不会有收获，没有天上掉馅饼的事儿。

◆ 人生一路坎坎坷坷，成功必然要有所付出，其实，人生就是一项风险投资，保守和不思进取无疑是其前行道路上最大的绊脚石。

◆ 亲爱的代理，我不会嫌弃你拿货多少，但我会嫌弃你在从事代理之后碌碌无为，没有任何的付出和努力。

◆ 人无论经历何种艰难曲折，一定告诉自己要努力坚持。有的人则浅尝辄止，一遇到困难立即偃旗息鼓，要知道脚下的路是自己走出来的，只要坚定不移地走下去，才能够让路变得更宽广、更平稳。

◆ 把钱放在银行很保险，但算算一年能够有多少利润呢？多努力一点，多投入一点，其利润要比把钱放在银行更加划算。

◆ 没有卖不出去的货，只有不会卖货的人，机遇是给那些懂得抓住、敢于抓住的人士准备的。

◆ 现在，你也许会看到身边的人鄙视微商说：“他一定被洗脑了，要不然会从事微商？”但几个月后，你也许会听到另一种说法：“人家玩玩手机，一个月轻轻松松赚几千块。”这个时候，你是什么心态呢？

◆ “适者生存，优胜劣汰”的法则告诉我们：观望的人永远只会观望，害怕的人始终处于恐惧之中，只有那些抓住机遇赚钱的人，才会成为一个成功者。

◆ 俗话说：“一想二干三成功，一等二看三落空”，没有实际行动就不会有任何的收获，等待，永远只是等待，只有踏踏实实地干下去，才能够收获人生最为美丽的风景。

◆ 很多人之所以是人生的输者，并非是他不聪明，而是因为他总是犹豫，错过了时机。

◆ 很多人一辈子碌碌无为，很多原因在于不善思考、不敢行动，所以，我们会看到有些人只是看到身边的人成功，却无法实现自己的理想。

◆ 除了家财万贯外，任何人的成功，都是从一无所有开始的，所以面对机遇，千万不可错过。

◆ 一个人的成功完全掌握在自己手中，格局大，你就会看得远。不要羡慕别人为何能够获得辉煌的成功，先问问自己付出了没有。

◆ 成功的人只开两种会：一是和志同道合的人坐在一起开会；一是参加各种提升自我能力的培训会。而普通人呢？大多都是约会和聚会。

◆ 做微商，坚持坚持再坚持，需要你有强大的毅力，每天，都有人退出微商，但是又有很多人义无反顾地加入了微商之中，并取得了令人羡慕的成功。

◆ 做微商，不要攀比，不要焦虑，把执行进行彻底，懒人很少会成功，因为他们没有付出实际行动。

◆ 做微商，选对产品，选对团队，这是代理获得成功的重要保证。

◆ 要改变世界，从改变自我开始。一直羡慕别人的成功，自己却从不敢勇敢地迈出第一步，这是无数人碌碌无为的根源所在。

◆ 一个人梦想是否能够实现，在于敢于接受新鲜的事物，敢于去尝试，做一个敢于吃螃蟹的人。

◆ 要想尝到成功的滋味，我们需要不断地学习，不断地接受新鲜的事物，不断地挑战自我。

weishang hudong yulu

16

微商互动语录

●●●

◆ 互动是增进微商和粉丝之间情感联系的有效方式，互动有了，情感加深了，成交局面才能够得以形成；否则粉丝再多，但缺乏应有的热度和参与感，粉丝也只能是“僵尸粉”。

◆ 掌握互动技巧，就要多去学习相关的沟通交流的话术，微商的实质落脚在人的上面，是人与人之间开展交往的过程，所以精炼、恰当的说话技巧也非常重要。

◆ 想要开展和粉丝的良性互动，掌握发布粉丝关心的话题无疑是一个非常重要的方面，只有对方感兴趣，才能够提高关注度。

◆ 和粉丝互动，必须学会关心粉丝，要知道互动是一种“礼尚往来”的行为，重视关心粉丝，多为对方点赞，才能形成互动的热度。

◆ 互动是一种强关系，是我们和粉丝之间一种牢不可破的情感联系，所以学会互动，就必然要善于打造参与感，朋友圈的内容也应当新颖别致。

◆ 互动，要讲究一定的方式和技巧，其中必要的神秘性不可或缺。要知道人们都有好奇心理，所以牢牢把握粉丝心理上的这一特征，时不时地在朋友圈宣布有重大消息或惊喜发布，一定能够吸引粉丝的关注。

◆ 自黑是一种有智慧的自嘲，紧紧抓住粉丝好玩的心理，偶尔上传几张故意摆拍的“丑照”，往往能够收到出其不意的效果。

◆ 良性的互动，必然要激发大家的参与度，所以适当新鲜有趣的小奖励也是一种不错的好方法。可以在朋友圈中规定，凡是点赞到一定“楼层”的人，都可以获得赠品，如此激发大家的互动力度。

◆ 粉丝都有喜爱学习的心理，所以适当分享一些微信使用小技巧，也常常能够引发互动的热潮。

◆ 互动不是单纯的刷屏发广告，很多人在这一方面有着严重的认知误区，不明白互动的真实内涵，其结果只能是适得其反。

◆ 想要有较高热度的互动，还要学会当一名“学生”，并且要扮演好这一角色。粉丝或客户都有好为人师的一面，因此就一些较为疑难的问题，发布在朋友圈中，请求大家积极地建言献策，那么很快就能引发互动高涨局面的到来，最后问题得到了解决，和粉丝之间的情感联系也在互动之中得到加强，可谓是一举双得。

◆ 互动，或想要打造出互动的热度，绝对不能急功近利，要知道罗马不是一天建成的，文火慢攻，长久地按照其规律坚持下去，自然会收到良好的效果。

◆ 过硬的产品质量是互动热潮的重要保证，只有过硬的产品质量，回头客户才会多，重购率也会得到大幅度的提升，有了客户的好评和重复购买，才能够为良性的互动打下坚实的基础。

◆ 客户购买产品之后，及时跟进询问，询问他们使用的效果和感受，并把大家积极正面的评价转发出去，如此赢得了粉丝的信任和好感之后，下一步的互动氛围才会有更好的体现。

◆ 促销是让利给客户的一种行为，这种行为能够抓住消费者喜爱得到实惠的心理，同时还能够极大的烘托营销气氛，对微营销来说是一种非常重要的互动模式。

◆ 每当节假日来临之时，正是用户购买欲井喷的时刻，作为微商，我们要紧紧抓住这一大好机遇，借鉴其它商业模式的营销策略，通过互动拉粉丝、促成交。

◆ 情感互动模式着眼点在“情感”这个字眼上，也就是我们如何增近和客户之间的情感联系，做到“以情动人，以情感人”，充分体现出我方最大的坦诚和信誉。

◆ 互动决定热度，没有互动就没有粉丝的关注，没有粉丝的关注就不会有最终的成交。

◆ 懂得互动的作用，然而其方式和方法不对路，由此造成了粉丝的不断流失，也对营销工作带来了严重的负面影响。

◆ 互动意味着关心粉丝，意味着要和粉丝之间多开展礼尚往来的活动。

◆ 互动和参与感之间可以划上一个等号，有互动才有粉丝强烈的参与感。

◆ 在具体互动模式上，我们应当采取多种多样的方式，以起到牢牢吸引粉丝的目的，其中促销互动模式便是其中的一种有效方式。

◆ 互动是增强彼此关系亲密度和信任感的一种良好方式，因此在朋友圈中，我们可以寻找合适的机会多和粉丝做一些互动活动，比如发红包，或者是提问一些公共话题，提高大家的活跃度和参与积极性。

◆ 营销活动可以多种多样，形式各异，最好不要公式化的去复制粘贴他人的活动，否则就失去了亮点，最好的方法就是根据自己的产品自行设计与众不同的活动，这样才能突出产品优势，体现活动亮点。

◆ 节假日是一个喜庆的时刻，商家通过节假日搞活动，带有一种锦上添花的绝佳效果，人们的好心情加上商家热情周到的服务和各类优惠措施，自然会爽快地掏出腰包。

◆ 节假日互动模式是一种“应景”的营销方式，充分利用人们的空闲时间和好心情，然后以此为基础，开展形形色色的促销活动。

◆ 在具体互动模式上，我们一定要注重新奇有趣这一特点，活动一定要有亮点和特色，全面把握年轻一代时尚猎奇的个性特征，通过富有趣味的营销手段来增进彼此的互动深度，有了互动的深度，自然就会有成交的可能。

◆ 利用信息分享互动模式，一是让粉丝能够从信息中得到快乐；二是粉丝可以从分享中收获一定的知识和技术，巧妙的好学、好奇心理切入点，使得看似复杂的问题变得简单起来。

◆ 娱乐性互动模式，主要关键点是体现在娱乐两个字上面，一切以新鲜有趣搞笑为切入点，通过分享来拉近和粉丝之间的情感距离。

◆ 在实际微商工作中，我们便可以有效利用这一模式，以最大限度地调动起粉丝的参与互动力度，增强他们对我们所销售产品的粘合度，为下一步的营销工作打下坚实的基础。

◆ 善于分享一些小游戏，以此来吸引粉丝的关注并开展深度互动，显然是一件非常有效的方式。

◆ 转发点赞互动模式虽然从表面上很普通平常，但是这种方式也是增强微商和客户之间有效互动的重要方式，利用合理，其效果也极为显著。

◆ 微商是建立在自媒体平台基础之上的一种商业模式，也时刻遵从着微信朋友圈的一切行为准则，所以在和粉丝互动中，转发点赞模式也未尝不是一种好的方式，合理利用，其效果也极为显著。

◆ 很多时候，用户在购买使用产品之后，常常会有对产品使用情况的评价言辞，对于这些用户的反馈，正确的方法就是及时将评价言语转发出去，一方面表示我们对粉丝意见的重视，另一方面也可以通过这种方式拉近和粉丝之间的情感联系。

◆ 人类是一种情感生物，个人的一切活动都渴望能够得到同类的肯定和重视，这一点对于微商来说也是如此。当我们收到用户的评论之后，应当及时给对方以回复，使得他们感受到来自我们一方的真诚和重视，对提升对方的信任感有着莫大的益处。

◆ 买家有了正面的评价，我们可以在自己的朋友圈中将这些话语晒出来，通过清晰可见的产品信息和客户展开互动。需要注意的是，自己在朋友圈中晒这些信息的时候，要做到适当、适度，过高的刷屏反而会引起其他客户的反感。

◆ 情感在互动中产生，维持人类彼此之间良好关系最为有效的方式就是无处不在的情感，和金钱等物质利益不同的是，情感纽带对于人这一个体关系来说更为牢固，有情感才有忠诚，有情感才会有信任，这是任何经济利益都难以替代的一大特质。

◆ 良好的互动，可以加深和客户之间的情感联系，使之越来越紧密，以至于可以发展成为无话不谈、亲密无间的好朋友，这就是情感互动在人际交往方面所体现出来的重要意义。

◆ 和粉丝交流沟通时，言语方面要轻松幽默，体现出亲切感，避免生硬、不礼貌的语言。

◆ 努力适应，适应自媒体下的说话方式；不断地积累素材，遇到好的语言记录下来，反复练习，达到运用纯熟自然的良好效果。

◆ 对待女性顾客，互动沟通之时除了轻松幽默之外，尊重是前提。

◆ 及时回应并解答用户在购买产品或使用产品过程中的种种疑问和难题。顾客对产品的疑问，我们要使用专业术语给以解答；顾客询问的事情也许和产品无关，我们要抱着热情的态度对对方提出合理化的建议；顾客在使用产品中遇到难题，我们要及时地加以妥善解决，绝不能让问题始终停留在待解决的阶段上。

◆ 实际生活中，会说话、会引出话题对活跃气氛有着重要的作用；微商也是如此，通过热点话题提升互动力度和深度，无疑也是一种行之有效的好方式。

◆ 以营销产品的专业知识和科研发展成果为切入点，吸引相关粉丝的关注和讨论。

◆ 善于谈论一些不常见的新闻事件，正确的做法是刻意寻找一些既有新闻性、又不被大家所注意的有趣事件，以此加强和粉丝的交流互动力度。

◆ 谈论一些有关创业或兼职性质的话题，也能引爆讨论的热度。

◆ 针对女性顾客谈论一些有关美容养颜类的话题，爱美是她们的天性，从美容养颜谈起，能够吸引无数爱美女士的积极参与。

< weishang dailifenxiao yulu >

17

微商代理分销语录

●●●

◆ 做微商，应当全面了解和掌握微商分销的实质和核心，以核心目标为导向，开展多种形式的营销模式，做到不囤货。

◆ 掌握管理技巧，才能够形成有效管理，否则头疼医头，脚疼医脚，最终自乱阵脚。

◆ 选择团队要慎之又慎，强有力的团队，会有效协助我们迅速融入到新的工作环境中去。

◆ 微商分销层级设置要合理，确保每一层级的合理利润收入，不以圈钱为目的。

◆ 微商代理分销过程很辛苦，但重在坚持。它需要微商代购人员调整自我心态，以坚持为第一。

◆ 以过硬的人品求生存。从事微商代理分销人数不在少数，而有人的地方就有竞争，想要在竞争中脱颖而出，人品在其中起到一个很大的催化作用。

◆ 人品是微商代理分销得以生存发展的软实力，而产品质量则是硬实力，以质量说话，才能赢得消费者良好的口碑。

◆ 微商代理分销，重在关注产品多方面的细节问题，将细节部分的功夫做足，自然就能够打开一片新天地。

◆ 微商代理分销模式很多，但要选择适合自己的，只有适合自己的才是最好的。

◆ 从事微商，就必然要了解和遵循微商代理模式，然后在此基础上结合自身的实际情况加以选择。

◆ 微商代理分销法则是微商高手的心得和经验之谈，认真领会并付诸行动，就会发现赚钱并不难。

◆ 真正地理解微商代理分销，就要使自己站在更高的层次上去看待问题的性质和全貌。

◆ 微商代理分销，实质上是利用移动互联网技术而从事的一种商业活动。

◆ 微商代理分销的模式有很多种，但无论哪一种，必然要结合自身的实际情况加以合理选择。

◆ 适合自己的才算是最好的模式，这样经营起来也得心应手，不至于茫然不知所措，不知道该从哪里下手。

◆ 微商代理分销在产品选择上，充分体现出个性化、新潮化的特征，重点把握消费者的个性心理需求。

◆ 微商代理分销所经营的不仅仅是产品，更多的是人品，要有舍得精神。

◆ 微商代理分销要掌握技巧，技巧是做事得以成功的诀窍，方式方法合理巧妙，自然会事半功倍。

◆ 寻找代理，不是一时半会儿就可以获得成功的问题，要沉下心来，做好基础工作，以稳扎稳打的战略步步为营，最终实现预期目标。

◆ 微商代理分销，保持平和的心态，冷静分析，科学决策。

◆ 寻找代理，那么必然要讲出让代理感觉心动的说辞，在沟通交流中获得他们的认可。如若言辞闪闪躲躲，底气不足，会令客户失去兴趣。

◆ 招募代理工作从根本上讲是一个吸引力的问题。

◆ 不断向意向人群宣扬自身的资源优势、产品优势，优势的背后代表着低风险、高收益的投资回报，这也是代理商最为关心的问题。

◆ 合理利用各种社交平台，扩大宣传范围，让更多的意向客户了解到我们，是微商代理招募工作的重点。

◆ 在朋友圈发信息进行适当刺激，告诉他们那些早期做代理的已经赚到钱了，越早下手越能掌握主动，从而促使下定最后的决心。

◆ 招募代理工作中，说话技巧很重要。

◆ 意向客户各种各样的问题提问，对我们的经验和智慧是一种考验。

◆ 遇到比较刁钻的问题，回避不是解决之道。正确的方法是不如换一个角度，将问题抛给对方，以激发对方的理性思考。

◆ 诚意是人际交往的基本原则，做微商更是如此。

◆ 我们所面对的是具体而真实的人，他们都有各自的思想情感活动，和客户交往的过程中要拿出真诚，以真诚换真心，进而赢得客户的好感和信任。

◆ 明白用户分类和性质范围，分门别类地加以对待，最大限度地激活用户，将潜在用户化为现实用户。

◆ 做微商分销，必然要和无数用户打交道，相对于微商产品来讲，用户始终处于第一位。

◆ 用户的存在，微商才有生存下来的必要条件，失去用户，一切都是浮云。

◆ 面对不同的用户，根据对方的特点而采取不同的方式或方法。

◆ 以激活为手段，争取将更多潜在用户转化为现实用户，以使我们的微商之路更为宽广。

◆ 对待种子用户，需要我们充分利用和他们固有的社会关系，将他们发展成为我们产品使用的忠实拥趸者。

◆“种子”一旦种下，就能够快速地“生根发芽”，在他们的带动和影响下，能够很快将产品销售工作搞活。

◆ 必须重视种子用户的培养和引导工作。

◆ 重视核心用户，核心用户的存在就好比是我们的产品销售工作中有了一块强有力的磁石一般，在其周围聚集一大批铁杆粉丝，无疑对销售工作极其有利。

◆ 微商代理误区如泥沼，深陷其中必将遭受灭顶之灾，认清错误失败之处，立即作出改正的决断。

◆ 心态误区，没有良好的心态，常常急于求成。

◆ 心态很关键，无论是做人还是做事，都要求人们保持一颗良好的心态，从容平和、稳健自然，这样才能够以冷静激发个人的睿智，在细微之处寻找最佳的应对策略。

◆ 做微商，要明白“心急吃不了热豆腐”的道理，罗马也不是一天就建成的，时刻告诉自己要沉下心来做事，不疾不徐，稳步前进，最终必然会收获最为美丽的人生风景。

◆ 从事微商，要学习别人的长处，获取对方取得成功的经验为我所用。

◆ 竞争是一种良性的竞争，也是在充分了解自身和对手优缺点之上的一种理智竞争。

◆ 天然地将周围所有人视为竞争对手，非要通过“搏杀”取得第一的位置，这种竞争心态必然导致自身经营活动遭受重大冲击。

◆ 无序恶性竞争，耗费了大量的时间和金钱，耽误了正常的营销工作，最后损失最为严重的还是自己。

◆ 营销的时候总想着讨好所有顾客，获得最大范围的好评，这样做是一种错误。

◆ 微商营销要以产品特色为导向，而产品特色必然天然排斥一部分消费群体的爱好，这是再也明显不过的问题，所以不必为此耿耿于怀。

◆ 很多微商从业人员往往在营销方向上犯错误，总想着全面开花，触角恨不得遍布全球，这种贪求大而全的营销方向思维要不得。

◆ 什么都想卖，什么产品都想着要代理，总想着面面俱到才会有源源不断的利润。面面俱到其实也代表着什么也做不好，不能够让自身的产品呈现出精细化的特征，再多的产品也于事无补。

◆ 很多微商从业人员往往将关注的重点放在销量上，缺乏品牌意识，这也是一种错误思维。

◆ 销量一旦上去，就要立即做品牌，只有品牌才有号召力和持久的生命力，其中的利润也更大，仅仅着眼销量，眼光太过短浅。

◆ 要选择那些有能力、有资源渠道的代理商，交钱并不一定获取我们产品的代理权。

◆ 若是代理商的水平能力不够，他们不会从自身上寻找原因，往往会将怨气撒到我们头上，合作不成反而带来纠纷，因此在代理商的选择上一定要慎之又慎。

◆ 微商代理分销层级不宜过多。

◆ 微商代理层级设置上，一般以控制在 5 级左右为宜，最好的是在三级之内，层级过多，越往下代理商的利润越薄，微薄的利润激发不起他们销售的欲望，货物只能够在代理层级之间来回流转，显然不利于我们将产品销售工作做大做强。

◆ 实际商业活动中，有些微商以设置层级为乐趣，甚至是为了圈钱而故意拉长层级，显然这种做法极其短视，只能维持一时而难以长久。

◆ 微商代理分销，一定要确保零售价格方面的统一，同时将总代拿货价格控制在零售价格的二分之一或三分之一左右为宜，这样层层发展下去，各个代理都有较为广阔的价格操控空间，一旦超越这一范围限制，对上对下都会带来不良影响。

◆ 每层代理中间，拿货价格控制在百分之十到百分之三十的区间较为合理。这样做的目的依然是为了确保各个层级都有利润可赚，而不是将利润集中在某一层级之上。

◆ 一个新手进入微商之后，首先一点是要选择一个正确的团队，依靠团队的力量来做事，借助团队的协助来发展，通过团队的培训获得长足的进步。这一切，都是团队所带来的正面影响作用。

◆ 团队选择对了，做事的效果就会事半功倍；反之，在猪一样的队友误导之下，该犯的错误还会一直犯下去，直到最后灰心丧气、偃旗息鼓为止。

◆ 团队产品要过硬。产品质量和知名度是做微商的基础，没有一个好的产品，销售工作的局面就难以打开。

◆ 团队的各项培训要过关，显示出专业的素养。

◆ 正确的微商社会化分销，对微商的发展壮大将会起到巨大的助推作用，使之在良性运行中获得长足进步。

◆ 社会化分销的范围一般集中社区和互联网两个载体之上，在社区内部，以广告发布、消费群体点击购买的形式进行利润分成；在互联网层面，则主要通过为消费群体提供评论平台的方式，以寻找到目标客户群。

◆ 微商的社会化分销是大势所趋，朋友圈缺乏完善的交易机制，进行微店推广又显得比较繁琐，在这样的一个态势下，社会化分销便呼之欲出。

◆ 分享是微商社会化分销的一个重要方面，也是社会化分销得以盈利的一个主要方式。

◆ 从事微商工作一定要明白只有分享才会成就生意，形成较大的社会热点，产品的销售工作也会得以迅速地打开局面。

◆ 分享的时候还要善于利用名人效应，一些行业达人或网络明星都可以成为我们分享的对象。

◆ 行业达人或网络明星在网络上具有强大的号召力和影响力，所以采取措施让他们参与到产品的分享活动中去，会形成分享的热点和焦点，他们的认可也将能够极大地提高粉丝参与购买度。

◆ 分享的态势一旦形成，便会由一个分为两个，两个变为四个，进而形成分享的裂变效应。

◆ 推荐在社会化分销方面的作用也不可忽视。这种去中心化的分销模式，使得购买越来越方便简捷。

◆ 不论是企业还是分级代理自身，尽快销售出货物才是王道。

◆ 微商分销采取微商联盟的方式，组建微盟平台，拉近和消费者之间的距离，以实现产品快速销售的目的。

◆ 微商社会化分销要做好业务推广工作，扩大影响力，对营销产品宣传造势，获得较大的认可度。

◆ 微商社会化分销要引入第三方监管。

◆ 微商被人所诟病的地方就是缺乏有效的第三方监管，质量问题一直是消费者所关注的焦点。

◆ 严格的产品质量，独特的产品消费定位。

◆ 产品质量是一张永远有效的“通行证”。有了清晰可见的产品定位，囤货的情况再也不会出现。

◆ 榜样激励管理，树立榜样，可以有效激励其他代理商。

◆ 榜样自身充满更大的工作热情，能够带动大家克服各种困难，奋勇前进。

◆ 以远大目标激励为导向加以管理，每个人只有树立发展目标，才会有无穷的奋斗动力。

◆ 做微商代理，给成员以目标激励，激发他们的潜力和创造力，有助于盘活营销局面。

◆ 尊重每一位代理商，将其当作最为宝贵的合作伙伴。

◆ 赢得客户的好感和信任，促使双方在高度互信的基础上开展更为紧密的合作。

◆ 有责任才有担当精神，这是管理学上最为核心的精神内涵之一，给代理上以相应的权力，将会充分调动其工作积极性，以更加主动的精神提高营销工作效率，创造出更大的价值。

◆ 以无障碍沟通交流为基础进行有效管理。

◆ 和代理商谈话沟通，将矛盾和分歧摆在桌面上，然后层层开导，化怨气为动力，变怀疑为理解，为代理商的营销工作加油鼓劲。

◆ 信任是人际关系交往的重要法则，没有信任就没有合作，就难以实现互惠共赢。

◆ 给予代理商以充分的信任，激发其自信心，促使其忘我地投入到营销工作中去。

◆ 宽容、大度的胸襟气度是一种柔性的管理力量，这一力量相比较于疾风暴雨式指责批评，更能使我们的意见传递到对方内心最深处，所取得的管理效果也最好。

◆ 人是情感生物，有着复杂的思想情感活动，都希望自我的付出能够得到他人的认同和肯定。应当多去赞美和表扬代理商，发现他们身上的长处，如此能够使得代理商爆发出更大的工作热情。

◆ “流水不腐，户枢不蠹”，竞争的存在才使得事物有无限的生机和活力。

◆ 代理商管理工作应树立目标，鼓励他们适当开展良性竞争，将会使我们收获到意外的惊喜。

◆ 情感管理也非常重要，遇到问题的时候不疾不徐，面对面地和对方坐在一起开诚布公，晓之以理，动之以情，其所具有的说服力效果非常显著。

◆ 对代理上巧打“情感牌”，也是一种行之有效的管理方法。

◆ 有奖必须有罚，反过来，有罚必须有奖，以此形成管理工作的良性运转。

◆ 过分宽容放纵代理商，反而有害无利，最后小患发展成大乱，一发而不可收拾。

◆ 文化是团队的旗帜和灵魂，能够有效约束下属的行为，所以在微商代理管理中文化也不可或缺，以此来形成凝聚力和向心力。

< weishang kehu yindao yulu >

18

微商客户引导语录

◆ 我希望你能够比任何人都幸福，只是想到你将来的幸福不是因为我，还会感到有一些难过。

◆ 一切营销工作的重心应当围绕产品的销售而运行，以顾客实际需求为导向，以引导为手段，达到有效营销的良好目标。

◆ 引导一词的重心在“引”上，以“引”来形成掌控沟通交流节奏的目的，顾客按照我们的思路走，营销工作算是成功一半了。

◆ 引导客户去思考是说话艺术中值得关注的重点。

◆ 引导客户思考，其实也是控制谈话节奏的一种表现，在谈话全程中始终主动掌控局势和气氛，达到“不战而屈人之兵”的良好效果。

◆ 引领客户的思路，让他们自己点头表示赞同。

◆ 引导客户思路还要注意避免难堪情况的出现。

◆ 引导是用我们的思维在前面“带路”，而不是反问和刁难。

◆ 将引导之语变成了诘难，常常弄得客户颜面无存，将不利于成交。

◆ 从内心深处说，我对那些咨询了价格之后就沉默闪人的亲们，总是感到有些心疼。不知道你是希望产品能够带给你良好的使用效果，还是一味贪图低廉的价格呢?

◆ 拿出桑塔纳的价钱肯定买不到豪华的宝马，花钱买来一堆便宜货，从表面上看是沾光，其实没有任何好的效果，这不是一种浪费吗？

◆ 千万不要在产品价格上斤斤计较，你需要考虑的是自己还有多少年的青春，毕竟等到老了之后，再多的钱也买不回美丽的你。所以，不为别人，为的是自己。

◆ 当你花了合适的钱，买到称心如意的产品，你会觉得物有所值，不要问自己做了多少，而是要问自己做的对不对，送给所有纠结产品价格的人士。

◆ 女人到了一定年龄，美不美、漂亮不漂亮，全靠自己精心的保养和呵护，这就如一盆娇嫩的鲜花，不去浇水、不去施肥，很快就会枯萎凋零，再也不会有芳香四溢的时刻。所以，在经济能力能够承受的范围下，请多对自己好一点。

◆ 你见过哪一位爱美的女士不舍得花钱去保养吗？只要能够留住青春和美颜，付出一定的经济“牺牲”还是值得的。

◆ 今天遇到有人这样问我：“你们一直说产品性能如何好，为什么看不到广告呢？”我微笑地告诉对方：“通过广告模式来推广产品的形式早已落伍了，顶尖的产品销售依靠的是用户的口碑，二流产品的销售依靠的是价格，只有那些三流的产品才需要广告去推广。”

◆ 我的产品能不能解决您的实际问题，会不会让您感到物有所值，这才是问题的关键，任何时候高质量的产品始终不愁卖。

◆ 钱在你的口袋里，买不买不是我说了就可以，所以大可不必担心。再者，你关注了我，还可以学习到很多专业知识。

◆ 有人会说，害怕微商发广告。那么我只能说，如果你的好友里面没有几个微商的话，那么就说明你已经和时代脱节了。想一想，就连吃饭也有微信支付，这就是社会在迅猛发展的最好例子。

◆ 用优质的服务来进行说话引导。

◆ 服务是商业系统所需要共同遵守的准则，优质的服务能够提升消费者的好感度，让他们充分感受到自己就是“上帝”，全方位享受到购物的快乐体验。

◆ 服务做到了优质，消费者就自愿为产品的宣传推广尽一份力量。

◆ 用买家秀来进行说话引导。

◆ 消费者购买产品之后，鼓励他们通过图片的形式将产品的使用情况传递过来，然后在朋友圈中发布，以此来让其他还处于观望阶段的消费者下定购买的决心。

◆ 转发买家的效果反馈来进行引导。

◆ “事实胜于雄辩”，买家的评价是金玉良言，是真实的使用效果阐述。

◆ 选择一些具有代表性的买家效果反馈的言辞，将其发布到朋友圈中，这种良好、正面的使用评价将会对其他消费者形成心理冲击和暗示，激发他们尽快下定决心购买。

◆ 用成交记录来进行说话引导。

◆ 产品性能好不好，产品是否具有热卖的效果，一切都以最终的成交记录来如实反映。

◆ 每隔一段时间，都要将这一阶段的成交记录数据公布出来，翔实、规范、可信的成交记录无疑具有强大的说服力，由此激发消费者的从众心理。

◆ 以产品稀缺性为导向，营造紧张心理，以此达到引导的目的。

◆ 在特定时间段内采取限时、限量购买的促销活动。

◆ 制造紧张感。告诉消费者产品数量有限，如果不及早下手，这款紧俏的产品在很长的一段时间内将会断货。

◆ 最大限度让利。给予消费者一定的优惠，让利给消费者。

◆ 以产品稀缺性为基础的购买紧张心理暗示，能够有效激发消费者的购买欲望，促使他们早下决断。

◆ 在适当的时机内说一些暗示性的话语。“本期优惠的名额只有十个了，我一直为您留着，如果不尽快作决定，我恐怕这期优惠您赶不不上了。”客户原本犹豫的心理也会很快转化为坚决购买的决心。

◆ 学会引导客户。

◆ 面对犹豫客户要趁势追击，让顾客没有充足的借口，在我们循循善诱下，成交就由潜在变成了可能。

◆ 产品贵不贵，不是客户单方面的心理认知，而是通过同类产品的市场价位比较而来的结果。

◆ 采取比较的说法技巧，来促使客户改变固有的印象。

◆ 比较话术运用：“同类产品中，比价格我们这里其实是最便宜的，比质量我们产品的各项性能丝毫不逊色于对方；所以在同等的质量前提下，我们这里的产品卖出这样的一个价位，确实是已经非常优惠了，所以不要再说价格如何如何了。”

◆ 采取化整为零的拆散法，弱化顾客对价格的敏感度。

◆ 分解话术运用：“先生您看我们的产品，某某部件需要花费多少费用，这件产品由这么多零部件构成，最后整合起来的售价其实并不高，实惠是我们一直坚持的产品售卖原则。”

◆ 客户感觉产品价格昂贵，但是具体分摊到每一天或每一个月上面，其花费又是寥寥的，通过这种费用平均的方法说服客户接受产品的定价。

◆ 平均法话术运用："您看这款皮鞋，虽然售价高一些，但结实耐穿，一般情况下穿上两年没有问题，您可以自己核算一下，两年时间中平均下来一天能够花费多少金钱呢？想来还没有您日常在抽烟上面的花费多。"

◆ 表扬法主要是针对客户的爱好面子的心理，然后以此为突破口，通过称赞对方以达到销售产品的目的。

◆ 表扬法话术运用："女士，我看您最适合穿戴这款衣服了，它的色彩配合您的肤色，看起来非常时尚洋气，有一种华贵的气息。"

◆ 表扬话语恰当到位了，客户就会痛痛快快地掏钱购买。

◆ "便宜没好货，好货不便宜"。通俗的话语中蕴含着深刻的道理，我们所需要做的就是将这一理念传递给客户，引导他们最终心理上的认同。

◆ 降价不是不可以，但是要分清具体的客户。

◆ 口头上表示期望我们降价的客户，其实他们的内心深处已经有了购买的决定，这个时候的降价没有什么必须不可的理由。

◆ 微营销的原则还是能不降就尽量不降，通过巧妙的言辞劝说和引导，以促使客户尽快下定购买的决心。

◆ 当客户明确拒绝购买的时候，我们要不离不弃。

◆ 当客户说等需要的时候再来购买话语的时候，要加大引导力度。

◆ 客户对同类产品的其他卖家比较倾心，以引导劝说方式促使客户多了解我们的产品。

◆ 客户在拒绝时候的表现和语气不同，我们的说话方式和技巧也要随之做一些微妙的调整，中心是秉持劝导的原则，为客户可能出现的购买转机行为做一个合理的铺垫。

◆ 说服成交话术，要注重展现出自身的真诚一面，对客户的拒绝理由也抱着肯定的态度。

◆ 以诚意为基础，采取多和客户沟通谈话的方式，采取循循善诱的说话技巧，在双方具体的谈话中寻找到可供利用的机会。

< weishang shuofu chengjiao yulu >

19

微商说服成交语录

◆ 第一单的成交与否，往往关系到微商新手的信心问题；所以，掌握必要的方式和技巧，在最短时间内实现“开门红”，无疑有助于微商新手有勇气继续从事这一行业。

◆ 富人之所以能够成为富人，是因为他们愿意照顾熟人生意，彼此相互关照，所以说福报自然也会多了起来，身边的朋友也会大力支持你，财运也因此而越来越旺！道理很简单，悟透之后就能发大财！

◆ 微商成交，一要主动，二要自信，三要坚持。这三个方面相互作用，互为表里，缺一不可。

◆ 任何客户都具备可挖的潜力，不存在没有价值的客户。我们可以从人性弱点出发，紧紧抓住对方的心理需求，订单自然就可以滚滚而来。

◆ 想要求得产品利润最大化，必须按照其内在策略行事，明白并善于利用产品价值变现策略，是微商营销工作中“克敌制胜”的重要法宝。

◆ 在有些微商新手看来，和产品售卖无关的聊天纯粹是浪费时间，这种思维无疑是极端错误的。

◆ 聊天是微商和消费者相互增进了解的一个方面，通过聊天，有助于培养彼此之间的亲密感、信任度，很多产品的成交都是在漫无目的的聊天中产生的，千万不可忽视聊天的重要作用。

◆ 采取什么样的方式，或者是遵从怎样的一个原则，以最大限度地促成订单的生成，是每一个微商从业者心目中所向往的“希望之光”。

◆ 微商，作为一种商业营销模式，它更需要相关的从业人员具备积极主动促成交的工作精神。

◆ 微商行业不需要羞涩和腼腆，遇事主动出击，争取拿到比别人更多的机会才会有出头之地。

◆ 那些害怕被拒绝、被冷落的微商永远不会有多么好的成交业绩，他们需要知道的是，一百次拒绝里面总有一次成交。

◆ 对于微商从业者来说，和顾客打交道，相信自己一定能，有了这种必胜的信念，也一定能够做成数量更多的订单。

◆ 做事贵在坚持，坚持不懈才是成功的重要保证。

◆ 许多时候事情并非是我们想象中的那么困难，只要坚持便一定可以取得成功。甚至在某些特定时候，我们只要再多坚持一分钟，事情的发展便会出现转机。

◆ 很多微商就是倒在了“不能坚持”这四个字的上面，稍微遇到挫折便萌生退意。

◆ 持之以恒地努力坚持，顾客放弃成交之后，也不要气馁，重新鼓起勇气，换一种技巧、换一个角度巧妙说服对方达成成交意向。

◆ 做微商，要能够抓住饥渴技巧的手段，吊足他们的胃口，这样不用我们主动催促对方下订单，到时订单不请自来。

◆ 从事微商要善于制造并充分利用神秘感，以此来引起客户强烈的好奇心。

◆ 销售工作可以“花样百出”，限时购买、限量购买手段不一而足，客户感觉买到了别人所不能买到的物品，其成交的欲望才会无比强烈。

◆ 打造客户荣誉自豪感。这一点和身份感相类似，也是为了满足客户的虚荣心理。

◆ 微商在销售产品之时，一定要想办法凸出产品的稀缺性、珍贵性，激发他们的购买欲望。

◆ 微商在销售产品时，多方面地满足客户的虚荣心理，激发他们的购买欲望。

◆ 打造产品安全感，诱导客户非买不可。

◆ 微商营销的目的就是为了促成成交局面的形成，只有成交才能够说明一切。

◆ 懂得成交的核心，掌握其精髓，这样做起工作来才能够有的放矢、一击必中。

◆ 能够为客户提供价值是微商成交的关键点。

◆ 产品能够给客户提供使用价值，让他们相信产品的使用价值可以得到充分的保证，成交局面自然可以形成。

◆ 站在顾客的角度看待问题，学会换位思考，全面衡量顾客买与不买的理由，心理换位来去自由，就能够寻找到说服顾客购买的合适理由，从而促成成交的形成。

◆ 面对犹豫不定的顾客我们可以这样说："您有这样的想法值得理解，换做是我，也会产生犹豫不定的心理。但是请您放心，我们的产品售卖出去之后，无条件退货、调货，请您放心使用。"相信这样的言辞会极大坚定顾客的内心，他们担心产品使用价值和实际不符的心理阴影也会消除得一干二净。

◆ 积极主动地要求成交。

◆ 产品并非是我们一家在卖，市场上还有许多大大小小的竞争对手，必须拼全力促成交。

◆ 转介绍营销，具有省力、有效、快捷的特点，依照其策略进行合理谋划，将会大幅度地提升产品的成交可能性。

◆ 转介绍是一种有效的传播方式，而传播是为了最终的成交，只有传播面的广度和深度达到了一定的规模，产品的销售也才会随着水涨船高，实现销售业绩的大幅度提升。

◆ 给消费者以利益驱动，以利动人，以利益驱动的方式激励对方积极进行转介绍，每介绍一名新的消费者，给予现金奖励，激发其活力。

◆ 产品销售离不开广告推广，拉拢的粉丝越多，关注的人群数量越广，产品的销售成交才会呈现火爆的局面。

◆ 微商营销实践中，要善于利用广告推广战略，以此来达到提升销售业绩的目的。

◆ 产品的质量是产品的生命，过硬的产品质量自然会赢得消费者的青睐和信任，有了这样的一个良好的口碑效应，我们的广告推广工作便具有了坚实的基础，为成交创造一个扎实的平台。

◆ 微商成交，其中说话艺术非常重要，会说话，巧说话，往往会让客户如沐春风，促使他们改变犹豫观望的心理，下定购买的决心。

◆ 话语营销，要求言谈一定要讲究方式艺术，注意语句的修辞，这不仅是一种礼貌，更彰显人们的一种修养，可以带给人许多亲切和随和的感觉。

◆ 从事微商，每天都要和形形色色的客户打交道，问候、产品介绍、成交谈判等等话语必不可少。

◆ 合理、适当的言辞和说话技巧，常常有助于我们抓住更多的客户，将其转化为我们产品的购买者，这就是说话艺术所带来的巨大影响作用。

◆ 注重谈话技巧，掌握说话方式，往往能够令我们花费最短的时间，而做出最大的业绩。

◆ 说话的语气要尽量婉转一些，主动但不是逼迫，能够站在客户的角度考虑问题。

◆ 和客户初次打交道，或者是主动询问他们是否在近期内下订单，这个时候切忌语气一定要委婉。

◆ 多用一些“您好，请问您有什么需要吗”“最近怎么样，方便购买了吗”“我们最近有活动，现在购买有优惠哦！”等委婉话语，这一类的话语温柔亲切又不失热烈的期待，必能引起客户的积极回应。

◆ 客户想买又舍不得掏钱，可采取直接了当的激将法。

◆ 假设法。这种方法也常常屡试不爽。

◆ 许多假设性的言辞常常会让对方感觉占到了便宜，因此有助于客户下定购买的决心。

◆ 面对客户说出“考虑”的话语，一定不能放松，告诉自己时间就是金钱，机不可失，失不再来，抓住机会才是王道。

◆ 每一个客户在购买决定之前都有各自犹豫的具体表现，但我们的中心目标是为了促成产品的最终成交，面对这些客户的行为表现，绝不能知难而退，而是要迎难而上，针对对方不同的表现而采取不同的说话艺术，其效果也往往极为显著。

◆ 当面对客户说想要考虑一下的时候，千万不能够给客户充分的考虑时间，要明白竞争对手如此之多，一旦不能够及时捕捉客户隐藏的心理活动，就意味着我们将永久失去这位客户。

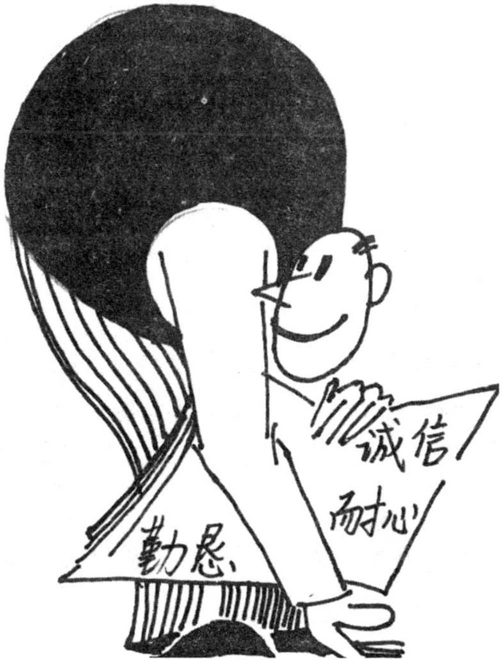

◆ 质量是产品价格最好的“挡箭牌”，在价格和质量选择上，相信大多数客户会倾向质量，不愿意掏钱购买到自己不满意的产品。

◆ 客户认可了产品质量，自然就不会在价格上过于斤斤计较了。

◆ 得失法也是比较法的一种，通过得失对比，让客户明白产品选择的重心所在，而不是一味地在价格问题上苦苦纠缠。

◆ 面对希望降价的顾客，可以运用得失法的言语来起到引导作用。

◆ 全面均衡的得失对比，相信客户自然会做出最为合理的选择。

◆ 底牌法是一种心理暗示诱导法，通过亮出我们产品价位的底牌，让客户消除期望降价的想法。

◆ 底牌法说话技巧会让客户产生所看到的已经是产品价格底线的心理，难以再去讨价还价了。

◆ 真诚是以情动人，以诚感人。

◆ 真诚实在的说话方式，将有效消除客户对价格问题的偏执心理，促成他们下定决心购买。

◆ 相信一切皆有可能，没有事情是完全绝对的，所以当客户说出不需要的时候，不能够一走了之，而是应当多去沟通、交流，寻找到事情转机的缝隙。

◆ 客户以沉默的形象示人，并不代表他们不想购买，而是出于性格或其它原因才这样以沉默的方式和人相处，对此应分清对方沉默的原因，摸清底细后，对症下药，自然可以药到病除。

◆ 对于天生不爱说话的顾客，应当以引导为主。

◆ 对于不善于说话的顾客，要展现出足够的耐心。

◆ 会说话，但不愿说话，只是喜欢以“说话”以外的形体动作来表达内心的想法，比如眼神、眉毛活动或嘴形等肢体语言来进行说话。这一类型客户，营销人员的工作重心在于如何让对方开口上面。

< weishang shaihuo shaidan yulu >

20

微商晒货晒单语录

◆ 总有一天，你会发现微商能够带给你出乎意料的收获，或是在思维上，或是在财富的获取上！

◆ 当一个人知道自己想要去做什么的时候，清晰明确的目标会让整个世界为他让路。

◆ 我这里有1000块，你那里也有1000块，我将这1000拿来进了货，但是你却将这1000用来潇洒了。半个月后，我手中的1000块通过价值变现成为了3000块、5000块，但是你呢？1000块在吃喝玩乐下却只剩下几块钱，这就是做与不做微商的区别。

◆ 我从不赞成空手套白狼的营销模式，尤其是对于微商来说，手中没有存货就没有相应的压力，没有压力就不会有充足的动力，缺乏动力，而想要让自己富裕起来，我只能说，这是梦，白日梦。

◆ 你是我的小呀小护肤儿，怎么用你都不嫌多，美美的小包装喜悦了我的心窝，改造我的肌肤火火火火火。你是我的小呀小护肤儿，就像天边最美的音乐，夏天又来到了啊赶快用一用，涂抹脸颈就钻进被窝。

◆ 现在越来越对微商喜欢有加了，想一想这个社会上还有哪个职业能够这样工作呢？看看电视剧、刷刷新闻、喝着咖啡、吃着冷饮，悠闲地看看微博和微信，时不时地接到一笔单子，还能看到客户喜悦的好评，赶快来买吧，效果好不好用过就知道了，保证让你物有所值。

◆ 有一句话说的很好，分享一下："成功不是先有钱，而是先有胆！”

◆ 我遇到很多代理，他们不好意思在自己的朋友圈中刷屏，他太爱面子，害怕被好友屏蔽或删除。我想要说的是，我也非常在乎我的朋友，但在另一个方面，一个真正的好朋友，是希望你变得更加自信和强大，然后影响和带动身边更多的朋友，最后大家一起走向美好的生活。改变自己先要从思想上改变自我，一切行动的根源在于思想的变革。

◆ 有的人年经轻轻就身家万贯，可有的人一把年纪依然不思进取，做任何工作都要脚踏实地、勤勤恳恳，我们微商也是如此，不丢人，肯加油，所以才有这么多粉丝成为我的好友。

◆ 努力生活，让幸福来的更早一些，没有人会阻挡你前行的脚步，能够阻挡的只是你的懒惰和偏见。

◆ 你看不看、买不买没关系，只是我每天都在这里，勤勤恳恳地对待自己的朋友圈，呵护她、养育她，希望有一天她能够带给你可以利用的价值。

◆ 不要无端地去埋怨你的朋友圈中都是一些做微商的，其实反过来想一想，这正好说明你的朋友都非常有上进心，总比每天发一些牢骚让你看着心烦强。

◆ 跟什么人做什么事，跟对人了才能寻找到人生最为正确的发展方向和奋斗目标，才能快速地实现自我的人生理想。

◆ 一直想不通的是，希望能够赚到大钱，但是却时时刻刻又死抱着面子不放的那些人，你们的自尊究竟在哪里？或者说，你们自以为的自尊是什么呢？

◆ 你一个月也不过赚到几千块微薄的薪水，那么这些薪水又能维护你多少的尊严呢？看一看比你优秀的人还都如此努力，你还有什么放不下的呀。

◆ 有些人总是喜欢问我，做你的代理，一个月可以赚到多少钱？如果你问的是这样一些问题的时候，我只能说，你的思想依然如此保守和落后，还一直停留在给别人打工的阶段。

◆ 能够赚到多少钱，关键要问你自己，问自己希望赚到多少钱，每一个老板都是有野心的，思想往往决定着人们的行动步伐，而敢不敢行动又很大程度上影响着人们的收入，最后的收入多少则是你能否有高质量生活的重要保证，所以，想要成为人上人，就必须先去调整自我的思想。

◆ 记得李嘉诚曾说过这样一句很经典的话语：当你放下自己的面子去努力赚钱的时候，说明你已经成熟懂事了；当你用钱赚回面子和尊严的时候，说明此时的你已经取得了很大的成功；当你能够用面子赚到大笔钱的时候，证明你已经是一个了不起的人物了。所以，面子价值多少，在于你努力多少。

◆ 做事不要瞻前顾后，认准的路就要勇敢地走下去，等待解决不了任何的问题，只能让机遇白白溜走。

◆ 放开胆量勇敢地迈出第一步，你的人生才会与众不同。

◆ 人生最大的敌人是自己，是自己看待周围的目光永远带着偏见。

◆ 微商有什么可害怕的呢？没有过硬的产品质量敢在朋友圈中售卖吗？

◆ 现在非常流行的一段话是这样说的：这个世界上最为遥远的距离，不是我站在你的面前而你却看不到，而是你明明知道我是从事微商的，但是还心甘情愿地跑到别人那里等着被宰。

◆ 很多朋友买过高价产品之后，还要问我究竟值不值这个价格？我几乎无语了，只能轻轻地对你说：条件允许请多喝点水，这样心就不会那么拥堵难受了！

◆ 做生意，没有稳赚不赔的，所以很多想要购买我的产品、成为我代理的人，总是担心这、担心那，生怕跳进去出不来。要知道财富是拼搏出来的，不去尝试、不去努力、不去冒险一次，又怎么能够取得辉煌的成功呢？

◆ 生活中的我从不敢休息，因为银行里的存款空空如也；我也从不敢说自己有多么累，因为背后没有任何的依靠；从不敢去偷懒一会儿，因为还要让自己能够坚强地生活下去。

◆ 在我的人生字典里，拼搏、独立、努力是唯一的选择，时刻告诉自己不能够向命运低头。

◆ 看图片，看评价，我不敢说别人如何，但我敢于说我的产品都是正品，没有一丝一毫的假货。

◆ 有一位客户今天看了我的产品之后，问我，为什么价格这么贵？一分价钱一分货，没有人是傻子。好产品都是用户的口碑堆积出来的，骗人的东西注定不能长久。

◆ 那么多明星都在做微商，说明了什么？说明了这个商业得到了大家的认可，所以不要抱怨我在你的朋友圈中发广告，我是在告诉你另一种生活和消费方式。

◆ 我们微商为什么能够在短短的时间内蓬勃起来，其原因就在于我们始终在认真、努力地做好每一件事，别的商家是宰一个算一个，而我们微商是成交一个维护一个，注重品质讲信誉，希望每一位客户都能够成为我们的回头客，所以，请放心购买我们的产品吧。

◆ 有的朋友总喜欢在网上四处比价格，可是现在网上的高仿品一个比一个多，要是遇到假货，价格再低又有什么用处呢？

◆ 很多朋友因为不懂，花了大价格买了高仿品还在那里沾沾自喜，真是让人伤不起，就这样还在背后骂我们微商卖正品赚钱多。我想说的是，不为别人想想，就不为自己想想，一旦皮肤被毁了，是几个小钱能够治得了的事情吗？

◆ 有些人想要买正品，但是又怕花费太多的金钱，可是自己静下心来想一想，没有付出就没有收获，养一只土狗和养一只贵宾的成本还不一样，为什么不舍得在自己身上花钱呀。

◆ 我想对那些上了微信就四处搜索附近的男士们，撩妹不花钱吗？还不如好好节省时间和精力，买一套好产品回家送给女王大人，哪个女人接到丈夫的礼物都是欢天喜地的。

◆ 爱美之心人皆有之，为了这个家，还有那个你辛勤付出的女人，想一想她们日夜操劳的迅速衰老的肌肤，我们男士们省下几包烟钱、几顿酒钱，就可以将自己的女人哄得高高兴兴的，你对妻子七分情，妻子必定还你十分爱。

◆ 我从不否认，这个世界是如此的多彩，每一个人都有自我的喜欢和主见，都有自己所认可的东西。所以，也许我的产品还不能够足够吸引你，但你不要担心，我会继续努力下去，争取做得更好。

◆ 总有一天你会发现，对别人好，不如对自己好，只有对自己好了，反过来才会有更多的精力和更强的自信心去对别人好。

◆ 无论男士还是女士们，千万不要在自己身上吝啬，没有人会一直心疼你，照顾你，最后还要靠自己，看中的产品，该出手时就出手。

◆ 不要担心在自己身上因为保养而花费多，看一看那些耀眼的明星，没有保养还能成为“万人迷”吗?

◆ 我们不期望自己永远能够青春不老，但，对自己好一点，任何时候都没有错。

◆ 我熬过了被人无端屏蔽或删除的最艰难时期，我看过了许多不理解的误会和白眼，我也曾被刚刚加我的人迅速清除掉。但，现在却完全不一样了，很多人总是主动问我，产品还有吗?我这里急着等用呢。其实卖出多少我倒不在意，我想对这些忠诚的客户说一声谢谢您们无怨无悔的支持，你们的激励就是我前行最大的动力。

◆ 我不在乎您买了我的多少产品，您的每一分支持，都是我努力做好微商的动力源泉，感谢我的朋友圈中有您的存在。

◆ 做人要学会感恩，懂得谁是最值得信赖的朋友。您购买我的产品，不仅仅是对产品的认可，更是对我人品的一种认可。

◆ 顾客是上帝。对我来说，唯一努力的是，如何给您们提供最好的产品，最为优质的质量保障。

◆ 新款，最新款，高端大气上档次，心动不如行动哦。

◆ 天然、环保、绿色无污染，追求时尚健康人士最值得拥有的产品，是您吗?

◆ 爆款来袭，有眼光的看过来，相信我，更要相信您自己的判断力。

◆ 今天费了一番功夫，将我所认可的产品系列放了上来，有喜欢的，欢迎随时微我。

◆ 高贵冷艳的气质，光彩夺目的格调，这款产品最适合有品位、有潮流追求的人士，是您吗?

◆ 为什么我一直喜爱发布这一款，因为就我来说，实在是太喜欢它了，所以才不厌其烦地推荐给朋友圈中的您，也许您和我一样，一眼就相中了它。

◆ 独一无二，豪华大气，相中的速来，存量不多了。

◆ 看看我今天的成交记录，说明了什么?说明好的产品确实有广阔的市场，识货的人绝对不肯放过，不要羡慕别人啊，赶快下单吧。

◆ 正品，正品，我再说一次，正品，不要和我在价格上斤斤计较，比我低的价格拿不到这样的好产品。

◆ 月末促销，限量优惠，相中的抓紧微我吧，随后恭候您的“骚扰”。

下篇
微商问候激励

zaoan wenhou yulu

21

早安问候语录

◆ 在新的一天里，睁开双眼，让窗外的阳光温柔地照耀自己；推开窗，让清风为您带来清爽舒畅的清新；对着镜子看着自己微笑，从心底深处绽放最为美好的性情；收拾干净快快乐乐地开始自己一天美好的生活，让幸福伴随您的每一分、每一秒。闲暇时打开手机，看一看充满活力的朋友圈，记得有我，早安！

◆ 做微商好比是姑娘绣花，粗看之下，走线毫无章法、歪歪扭扭；但仔细看，她却是正在盛开的一朵绚丽之花。我希望我的每一位朋友，希望您的生命就像这朵娇艳的花儿一样，永远芳香四溢，沁人心脾。早安，微友！

◆ 早安，我的微友！请接受我在每一天早晨的祝福：希望您在张开双眼的时候就让自己轻轻微笑起来，让幸福和快乐充满心田，让所有的好运都伴随左右，让成功变得伸手可及，祝福您！

◆ 每一天早晨醒来的时候，都要让自己能够对着镜子微笑，告诉自己昨夜睡得很好，所有昨天的烦恼都已经过去了，我所希望的是幸福一直和您相伴到老。早安，朋友！

◆ 盛夏的清晨有彩蝶飞舞，就让它为我送上对您的祝福；窗外的枝头，有清脆的鸟鸣，它在歌唱一天的美好；看着朝阳缓缓升起，希望它能够带给您坚持奋斗的无限力量。早安，朋友！

◆ 清晨的雨露晶莹剔透，还有不甘寂寞的蝉儿在肆意地鸣唱，枝头上的鲜艳的喜鹊也掩饰不住它心中的喜悦，令人又爱又怜的小麻雀也叽叽喳喳地叫个不停，这一切的美好，都因为我们的存在而变得如此有意义，感谢生命，感谢自然，祝您幸福每一天。早安，我的微友！

◆ 愿您，每一天都能够开始美好的生活，将昨天令人忧愁的烦恼统统忘掉，相信自己，相信还有朋友在关心着您。早安！

◆ 希望您能在自己人生的电脑上新建一个文件夹，将和煦的阳光复制过去，把美好的心情粘贴进来，还要把幸福和快乐全部剪切过来。文件名可以这样命名：早安，我美好的每一天。

◆ 一日之计在于晨，希望您能够从昨日的颓废中振作起来，忘掉忧愁和烦恼，然后甩一甩头，告诉自己所有不快乐的事情都过去了，从今天起，做一个快乐的我。祝您早安！

◆ 睁开眼，窗外是灿烂的朝阳；推开窗，有清新的晨风迎面扑来，新的一天，新的自我，每一天都要让自己快快乐乐，幸福如意。早安！

◆ 闲看花开花落，静待雨夜梦回，人生冷暖自知，内心干净如始。早安！

◆ 告诉自己，任何时候都不要生气，因为生气是拿别人做错的事来惩罚自己。早安！

◆ 清晨有朝阳冉冉升起，照亮了您美好的心情；让清风传递我最为真心的问候，希望能够温暖您的心情；认真编发一条真诚的祝福给您，期望它能够愉悦您的心情。早安，愿你天天好心情！

◆ 如果您喜欢一个人，那么您就能够在那个人身上的任何一个地方看得到阳光。早安，我的微友！

◆ 生活一直在前行，我们不能够一直沉浸在过去感伤的回忆中，向前看，才能拥抱更为美好的生活。早安，我的微友！

◆ 生活原本就是一个坎坎坷坷、曲折波折的过程，所以看开、看淡，直到平淡从容，才能真实地把握自我。早安，我的微友！

◆ 生活中有很多的人或事，经历过了我们的内心也就能逐渐坚强起来；前方还有无数的沟或坎，当我们大胆跨越之后，心就会变得豁达了。早安，我的微友！

◆ 每经过一段时间，您都要告诉自己，将过去的不快全部“清零”，去开始崭新的生活。早安，我的微友！

◆ 每一个人来到这个世间，都是生命的一个伟大奇迹，要知道，生命远远要比魔法精彩，有无数的惊喜在等着我们。早安，我的微友！

◆ 有一天，您会突然发现自己一夜之间长大了，这是一种经历风雨之后的睿智和成熟，告别迷茫的过去，去憧憬美好的未来。早安，我的微友!

◆ 学会放下，放下手中握不住的沙，这样我们才可以拥有自己更为海阔天空的幸福。早安，我的微友!

◆ 什么是坚强? 就是擦干伤痛的眼泪之后，依然可以以坚强的微笑面对以后的生活，抬起脚，昂首阔步，告诉自己，任何时候都要勇敢地继续前行。早安，我的微友!

◆ 在温暖的阳光下让自我灿烂起来，在磨砺自我的风雨中不停向前奔跑，编织自我美好的梦境，坚定地走自己脚下的路，也许人生无法完美，但努力过了，拼搏过了，这就行了，需要我们明白的是，活在当下，应当享受每一天的美好! 早安!

◆ 凛冽的寒冬中，你在清晨的每一天，竟然连起床这么困难的事情都做到了，那么，可以想象的是，这一天还有什么能够难得住你呢? 多么励志的一句话，送给我朋友圈中的每一位好友，祝早安!

◆ 亲爱的姑娘，若是你现在还是一个人的话，请不要害怕，也不要担心，努力拼搏，让自己变得更好一点，去迎接更为美好的每一天。早安，我的微友!

◆ 在每一个清新的早晨，让温暖的阳光穿越大地照射到嫩绿的树叶上面，张口呼吸，处处都是阳光所散发出来的气息。泡一杯咖啡，静静坐着，安静美好。周末早安，我的微友们!

◆ 虽然每天很忙，但我不敢将问候落下，虽然岁月将往事带走，但我依然记得我们彼此最为珍贵的情谊，每一次回忆，每一次回首，每一次看到朋友圈中的你们，我的心便安然起来，希望我的祝愿伴你每时每刻，希望你每一天都有一个好心情！早安，我的微友！

◆ 一年之计在于春，一天之计在于辰。希望你在清晨醒来之后，心情好好，胃口棒棒，福运佳佳，微笑满怀，早上好！我的微友！

◆ 若是今天的你，对人生、对未来还没有任何清晰明确的目标，那么，在明天如此美好的清晨，你又能够用什么理由把自己唤醒呢？新的一天，希望能够对内心深处的另一个我，说一声：早安好！

◆ 也许你错过了昨天的美好，但是也正因为如此，才遇见了明天的惊喜。面对复杂和浮躁，希望你一直能够保持欢喜。加油，我的微友，别让人生输给糟糕的心情！早安！

◆ 告诉自己，任何时候都要坚定地走自己的路，按照自己想要的生活去好好奋斗。纵然生活中有人亏待了自己，但是请相信，时间永远不会亏待你，努力，让自己无悔。早安！

◆ 美好的一天又要开始了，每天给自己一个小小的目标，希望自己能够比昨天更进步，告别昨天的烦恼，不再为昨天而叹息，只祝愿今天能够更美好。早安！

◆ 麻烦就好比是一台转来转去的洗衣机，让我们在里面碰来碰去，晕头转向，但，保持快乐的我们，最终还是能够从里面解脱出来，同时因为磨练和洗涤，反而变得比以前更干净、更漂亮，早安！

◆ 再大的鱼根本搅不浑广阔的大海，再浓的雾也压不倒巍峨的高山，每天都有好心情。早安！

◆ 我不是人民币，做不到人人喜欢。我所能够做的，就是去不断地努力，努力成为生命中最好的自己。早上好！ 我的微友！

◆ 公主摘掉了王冠，依然是光彩照人的公主。不要让烦恼占据我们美好的心田，希望你每天都能够快快乐乐。早上好！ 我的微友！

◆ 我们总像是一只鸭子那样，在水面上保持着沉着冷静，然而在水面下却要拼命划水，是生活让我们变得更坚强，多少年以后，我们应当感谢那年努力奋斗的自己。早上好！ 我的微友！

◆ 许多事情，本没有我们想象的那么严重，那么令人坐卧不宁，其实学会放下，过一段日子，一切都是云淡风轻。早上好！ 我的微友！

◆ 其实我们从没有长大，始终有一颗童真的心，只是习惯在别人的面前学会伪装。早安！

◆ 生活就好比是一个储蓄罐，每天投入自己的一份辛勤和努力，天长日久，终究会获得最为丰厚的回报。早安！

◆ 早晨的最大好处，是我们醒来之后，知道今天又可以重新开始了。早上好！ 我的微友！

◆ 这个世界上，无论什么事，只要真的沉下心来努力，结果总不会差。早上好！ 我的微友！

◆ 不去拼搏，不去奋斗，你永远不知道自己有多么优秀。

◆ 学会自我解压，偶尔地自我欣赏一番，不要让压力压倒自己。

◆ 我们要相信的是，每件事到了最后其实都会是一件好事。如果现在还不是好事，说明还没有到最后。你好，早安！

◆ 世界上最让人快乐的事情就是，每一天早上醒来，可以惊喜地发现又是崭新的一天，而且还完全免费。祝早上愉快！

◆ 清晨，有阳光洒落，在这里送上我最为美好的祝福，希望你的梦想在晨光中翱翔，一直保持下去。早安！

◆ 自己选择的路，就要坚强地走下去，路上的艰辛也是生活中的一种磨练，就如佳肴一样，五味俱全，才能品尝到它的美好。你好，早安！

◆ 一个人，如果没有忘我地投入一次去奋斗，又怎么能够懂得决绝之后的海阔天空。早安！

◆ 你一路跌跌撞撞，虽然有过无数次的受伤，但不要抱怨，不要气馁，就当是为青春画下的残妆。早安！

◆ 眼神中有内容的人，背后一定有奋斗过的精彩故事，走过千山万水，你我都安好。祝早安！

◆ 就算全世界荒芜一片，但要相信，总有一个人一直在默默关注着你。你好，早安！

◆ 生活，需要有耐心，坚持，再坚持，才能够站在人生的顶峰，回首来路，静静欣赏自己所走过崎岖人生路。困境的时候不自怨自艾，得意的时候能够沉稳冷静，这就是你，从不认输的你。你好，早安！

◆ 不要惧怕泪水与困难，那些最为坚强的人，总能够从容应对。

你好，早安！

◆ 一个有着坚强灵魂的女人，才是一个令人感到有无限魅力的女人；一个有着坚定信仰的女人，才是一个有着无穷奋斗动力的女人。在人生的道路上，我们可以暂时迷茫，暂时困惑，但千万不要就此沉落而自怨自艾；我们可以停下脚步休息片刻，但千万不要忘记还要前行，因为前面有着诗和远方。你好，早安！

◆ 很多时候，让别人在乎你的最好办法，就是一个转身，向他笑着挥手离开，生活也是如此，看开才能放下。你好，早安！

◆ 珍惜，珍惜美好的生命，给了我们如此精彩的世界，所以要学会善待自己，让内心深处始终有一片阳光在照耀；学会放下，把过去的痛苦看淡，只有如此，才能拥抱最为美好的未来。早安！

◆ 这个世界上，从没有不受伤的人，真正能够治愈自己的，只有坚强的内心。你好，早安！

◆ 所谓永恒，就是在努力之后，终于看清最为真实的自我。早上好！ 我的微友！

◆ 我就是那个被你无数次折磨，然后一句话、一个安慰又能够心情立即开朗的人。早上好！ 我的微友！

◆ 我们不能总是生活在过去的痛苦之中，不能想着一直希望有人能够帮助我们，凡事要依靠自己，把思想转化为行动，一步一步地去实现自我的人生理想。早上好！ 我的微友！

◆ 青春的匆匆逝去，虽然惋惜，但并不可怕，可怕的是失去了勇敢热爱生活的心灵。

◆ 若自己不去努力，即使别人想帮你，却找不到可以拉着你的手。早上好！我的微友！

◆ 做任何事，都要将它做好，一次次积累，一次次努力，总有一天，你会成熟起来。早上好！我的微友！

◆ 学会放下，才不会痛苦；学会感恩，才能够懂得生活的美好；学会珍惜，才会时刻有一种满足感；不求索取，但愿奉献。早上好！我的微友！

◆ 你不努力，时光会第一个辜负你，有奋斗才会有希望。早上好！我的微友！

◆ 任何时候都要保持敬畏之心，对痛楚，对阳光，对一切美好的事物。早上好！我的微友！

jieri zhufu yulu

22

节日祝福语录

◆ 转眼五一到，祝福来报到，美酒加咖啡，自在乐逍遥，天天好心情，永远没烦恼！提前祝你五一节快乐！

◆ 趁着明媚的春光，呼吸着大自然清新的空气，让我们出去放松放松，感受着人生的美好。祝你五一快乐！

◆ 累了要学会休息，紧张久了更要去放松一下自己，在这百花开放的季节里，放飞我们的心情吧。祝你五一节快乐！

◆ 停下忙忙碌碌的脚步，放下令人忧愁的烦心事，走出家门，走向诗和美好的远方，心自由，梦常在。祝你五一节快乐！

◆ 五一劳动节将到，我送出五个大礼包给你：健康开心礼，幸福美满礼，工作顺利礼，甜美爱情礼，生活如意礼。提前祝你五一快乐！

◆ 五一劳动节又快来临了，放下自我，纵情扑入大自然的怀抱，享受春天的美好，愿你在快乐祥和的五一劳动节里，心情轻松，脚步轻快，笑语常在。

◆ 唯有勤奋才能成就大器，唯有劳动才最为光荣，相信一分辛苦一分甜，祝你五一快乐！

◆ 五一劳动节来临，我在这衷心希望平日里忙忙碌碌的你，能够放下身心尽情玩乐，养足精神之后，在下一个征程中继续加油！

◆ 五一又来到，我把祝福送给你：祝你百分幸福，千分幸运，八面来财，四时平安，永远事事可乐，吉祥顺意！

◆ 五一假期，出去转转，感受欢乐，寻找健康，享受幸福，拥抱幸运，话语不多，万事如意，梦想成真，节日快乐。

◆ 再忙再累，也不要忘记了生活的质量；再烦再闷，也要注意身心的健康。五一劳动节就要到了，祝你珍惜好机会，放松身心好好休息，为梦想加油吧！

◆ 五一劳动节就要到了，我让快乐在指尖传递，让幸福在电波中传送，祝你五一假期放松心情，欢乐多多！

◆ 付出辛勤的劳动，我们才收获到了成功的喜悦；告诉自己任何时候努力奋斗，我们才能迈步人生的辉煌；劳动最光荣，劳动最忠诚，五一劳动节就要到了，祝愿劳动能带给我们无穷的财富。

◆ 五一劳动节就要到了，愿你心情一定要舒畅，生活一定要快乐，情绪一定要高昂，身体一定要健康，旅行一定要自在！总之，要让自己幸福起来！

◆ 鲜花在身边开放，要学会欣赏；流星在头顶滑落，要抓紧许愿；歌声在耳边响起，应该用心去聆听；我的祝福，应该珍藏；佳节来到，彼此都应当去欢庆。祝您中秋节快乐！

◆ 月儿圆，月饼香，祝你身体健健康康；手中清茶，杯中美酒，祝你每天好运连连；丹桂飘香的季节，让我的祝福飞到你的身边，祝你花好月圆人长久。

◆ 花好月圆，幸福生活才能日日甜！说一声珍重，道一声平安！祝您中秋节快乐！

◆ 一轮明月天边挂，我在这里衷心祝愿，祝愿您六六大顺事如愿，八月中秋乐团圆。

◆ 我将你的手机号码告诉了月老，他会在中秋月圆夜告诉你，希望您每一天都能够好运常在。祝您中秋节快乐！

◆ 寂寞嫦娥舒广袖，吴刚捧出桂花酒。中秋佳节，明月在天，愿你幸福永远，好远常伴。祝您中秋节快乐！

◆ 又是一年中秋时，无论相隔多远，或天涯，或咫尺，但我始终会在第一时间想起要送给你深深的祝福，祝你家庭美满幸福，工作事事顺心。中秋节快乐，我的朋友！

◆ 金秋送爽，明月清辉，在这举家团圆的祥和日子里，我祝你一切圆满美好！万事顺心如意！

◆ 中秋节快到了，我在这里送上一句轻轻的问候：预祝你中秋快乐！

◆ 八月桂花香，美酒香浓甜。送上我的祝福，希望你能够幸福健康每一天！中秋快乐！

◆ 万家灯火乐中秋，真心祝福在心中，希望你合家快乐喜团圆。中秋快乐！

◆ 又是一年圆月时，祝你健康更幸福，祝你快乐更开心！中秋快乐！

◆ 无论天南海北，无论相聚与离别，但我始终有一份祝福，在这最为美好的时刻送给你，祝您一切圆满美好！中秋快乐！

◆ 圆圆的月儿，圆圆的月饼，满满的快乐，多多的祝福，祝你美满日子常在，幸福生活永远，合家吉祥团圆。中秋快乐！

◆ 痛苦烦恼“月”过“月”少，钞票美金“月”来“月”高，中秋祝福“月”早“月”好。祝你中秋快乐！

◆ 中秋短信问候，祝亲爱的顾客每时每天每月快乐，每早每晚每年顺利！

◆ 中秋到了，送你一个月饼。第一层：关心！第二层：体贴！第三层：浪漫！第四层：温馨！中间夹层：甜蜜！祝你天天都有一个好心情！永远开心！

◆ 中秋到了，许一个美好的心愿，祝你快乐连连，愿所有的幸福伴随你！

◆ 月神在上，祝你幸福快乐一辈子。中秋节快乐！

◆ 八月十五中秋到，合家开怀乐陶陶；圆圆明月高空照，无边思念在心间。中秋节快乐！

◆ 你好，我是财急送的快递员，送给你一辈子的美满和幸福，无论是甜蜜的爱情还是快乐的好心情，始终让好运伴随你。中秋节快乐！

◆ 中秋如此美好之夜，让我送给你美满快乐糕，幸福温馨汤，快乐开心果。中秋节快乐！

◆ 明月当空照，中秋已来到。祝你岁岁年年都幸福，时时处处有欢笑。中秋节快乐！

◆ 中秋节还没到，但愿我的祝福是第一个到，祝你快乐幸福。

◆ 月到中秋分外明，又是一年幸福时，在这中秋佳节之夜，亲朋团圆之日，我代表公司为您送上最为诚挚的祝福，祝您中秋愉快，事事圆满！

◆ 丹桂花飘香，明月照大江，不说是非，无关沧桑，把酒庆安康；花好月圆，幸福满怀，歌舞正飞扬；中秋时节，祝福绵长，祝你事事时时吉祥！

◆ 八月十五月儿圆，中秋佳节已来到，彼此祝福道平安，买卖兴隆真情在。祝你中秋节快乐!

◆ 感谢您平日里不离不弃的支持，没有言语可以表达我的感激之情，唯有祝福您中秋快乐，幸福常在。

◆ 在这团圆的日子里，希望你拥有快乐、好运、幸福，永远踏着阳光，追逐着成功、安康、美满。祝福你：身体健康，节日快乐。

◆ 中秋来到，吉星高照；短信送到，请君收好；佳节快乐，步步登高!

◆ 花好月圆真美好，中秋将至，祝您工作顺心，生活顺心，爱情甜心，中秋开心!

◆ 烦恼随风，今夜刮跑，愿你心顺、人顺、事事顺，你好、我好、大家好。祝您中秋快乐!

◆ 在此中秋佳节来临之际，愿你心情如鲜花常开!万事如意，时时顺心，中秋快乐!

◆ 国庆到了，祝福您：国庆、家庆、普天同庆；好事、美事、事事顺心。

◆ 十一国庆黄金周，正是旅游休闲好时候，开开心心过假期，祝你国庆七天好好玩!

◆ 十一国庆到，红旗迎风飘，借来微风，手托白云，迎着朝霞，把我的祝福送到你的身旁，愿你天天幸福生活比蜜甜，祝你万事如意美满到永远!

◆ 十一国庆佳节，普天同庆，我在这里祝福祖国繁荣昌盛，也祝你财源广进心情好，万事如意。

◆ 喜事连篇，中秋国庆两团圆；佳节重逢，国喜人庆天下欢；八天长假，与家人相聚，与爱人相携，更与朋友相倾：愿你国庆快乐！

◆ 酷暑消，天气凉，北雁南翔；中秋至，送上美好的祝福，愿你国庆快乐！

◆ 忙碌之余记得休息，工作之外多多锻炼身体，趁着假期，出去走走，所有忧愁都抛在脑后。祝你国庆节玩的开心！

◆ 国庆节来到，我送给你五千万：千万要笑口常开，千万要健健康康，千万要平平安安，千万要知足常乐，千万要彼此珍惜。

◆ 在这喜庆的节日里，我衷心地希望快乐能够走向你，好运一直围绕你，幸福一直陪伴你，生意兴隆，马到成功。祝你元旦快乐！

◆ 新年新气象，在元旦佳节来临之际，我也祝你在新的一年中身心健康！万事如意！幸福美满！

◆ 又是元旦佳节，我在这里祝福您年年岁岁青春常在，分分秒秒有人喜爱，工作舒适又气派，每天大把钞票飞过来。元旦快乐！

◆ 一个人能够走多远，看与谁在一起同行；一个人能够做出多大成就，看有谁在身边指点。祝元旦快乐。

◆ 钟声柔软了心灵，烟花绽放了心情，伴随鞭炮之声，我把美好的祝愿送给你，春节快乐！

◆ 春节忙碌不在意，节后调节要谨记：每日要早睡早起，勤加锻炼好精神；瓜果蔬菜请多吃，大鱼大肉量要少；身体健康心态好，幸福生活滋味妙。春节快乐！

◆ 一元复始、万象更新，又是一年新春到，祝你年年如意、岁岁平安、财源广进、幸福安康；竹报平安庆有余，喜气洋洋福满门！

◆ 送你一份实心实意，制造商：真心朋友！里面有真心，有思念，有祝福，祝你春节快乐，万事如意！

◆ 扬起幸福的风帆，聆听春天的脚步声，祝你春节快乐，万事如意！

◆ 宁静的时光，听一首动听优美的歌曲，看一篇荡气回肠的文章，品尝一道快乐的佳肴，愿你时刻有幸福的微笑，朋友，祝你周末快乐。

◆ 微笑是治愈一切伤痛的良药，微笑，可以让幸福常在，春暖花开，周末了，也让我用最真心的微笑祝福你，周末一定要轻松快乐哦。

◆ 明媚的阳光让我们有了奋斗的动力，感谢每一个美好的日子，祝你周末愉快。

◆ 周末了，愿你每天都有高兴事，快快乐乐享受每一分每一秒的幸福，周末愉快。

◆ 无论走过多少路，感谢一路有你相随，你是我最值得交往的朋友，祝你周末愉快。

◆ 美好的祝福送给你，真情实意在心中，愿你周末快乐到永久！

◆ 逃离了忙碌的周一到周五，迎来了快乐幸福的周末，好好休息才能好好工作，周末愉快。

◆ 轻松周末又来到，愿你好梦没打扰，轻松自在乐逍遥！ 周末愉快。

◆ 知心朋友有一群，幸福好运常在身，祝你周末最温馨，幸福快乐每一分！

◆ 写一首感恩的诗，送给你；跳一支欢乐的舞蹈，让幸福的微笑绽放，秋高气爽天气好，愿你周末心情好！

◆ 春有百花，秋望月；夏有凉风，冬观雪；心中若无烦恼事，便是人生好时节。愿你周末欢快无忧！

◆ 又到周末了，朋友，请记得这里有个我把你牵挂在心。款款关心，声声祝福，祝你周末幸福快乐到永远。

◆ 愿你周一事事顺利，周二开开心心，周三激情无限，周四惊喜连连，周五平平安安，周末好运常伴。

◆ 周末了，如果有时间，请远离城市的喧嚣，放下生活的烦恼，去山清水秀的野外走一走，赶走疲劳和不快，幸福生活每一秒！

◆ 明天再也不用上班了，那就好好睡一回懒觉，把烦恼的事忘掉，祝你周末快乐。

◆ 或浓或烈的酒，总能够让人陶醉其中；或多或少的花，总带给人无限的浪漫；或大或小的家，始终给人幸福的温馨。周末了，祝你开心！

◆ 一路走来，因为有你，我再也不会感到孤单，祝你周末快乐，幸福健康无边！

◆ 周末到了，请赶走一身的疲惫，放下满腹的忧愁，四处走走，彻底放松自我吧。

◆ 沧海一声笑，周末已来到。天天都周末，生活多逍遥。周末了，祝你开心！

◆ 开心是一天，不开心也是一天，为什么不让自己每天都开心呢？周末了，放松自我，尽情嗨吧！

◆ 周末了，和家人出去，陪陪孩子；和朋友约个时间聚聚，叙叙友情。祝周末好心情。

< wei shang wanan zhufu yulu >

23

微商晚安祝福语录

●●●

◆ 从清晨醒来到夜晚入睡，总结这一天的收获，得到也好，失去也好，主要做到问心无愧，便可安稳入睡。晚安，我的微友！

◆ 忙碌一天了，好好调节心情和身体，放松自己，睡一个安稳觉，做一个幸福梦。晚安，我的微友！

◆ 朋友圈中道晚安，愿你天天快乐心情好。晚安，我的微友！

◆ 世上有一种无畏，就是在认清了生活的本质面目之后，依然能够全身心地去继续拥抱与热爱生活。晚安，我的微友！

◆ 想要取得胜利，就一定不能惧怕输。一个人不怕输，也许最终未必能获得胜利。但是一旦有了怕输的念头，那么最后必定会输。晚安，我的微友！

◆ 不要给自己生气，不要和自己过不去，气坏了身体、影响了心情，最后受损失的还是自己。晚安，我的微友！

◆ 生活不是怜香惜玉的林黛玉，不会因为自己的忧伤而风情万种。晚安，我的微友！

◆ 人生处处都是美好的期待，梦想连接着辉煌的未来。晚安，我的微友！

◆ 没有人可以依靠，所以我们必须努力奔跑！致努力中的朋友，晚安！

◆ 不怕前方路有多么曲折坎坷，只害怕自己在懦弱中投降。致努力中的朋友，晚安！

◆ 每天都要给自己新一天的生活罗列一个清晰简单的计划，这就是梦想的力量，让我们奋力前行。致努力中的朋友，晚安！

◆ 没有不能前进的人生，只有不肯努力进取的人！ 晚安，我的微友！

◆ 不要为小事挡住我们观看这个世界的视线，我们前方还有更大的天地。晚安，我的微友！

◆ 失去了金钱还能挽回，但是一旦失去了信誉，很难在获得人们的信任。晚安，我的微友！

◆ 告诉自己不要自卑，因为你并不比别人笨；时刻清醒自知不能自满，要明白别人也不比你笨。晚安，我的微友！

◆ 虽然长空飘渺，但只要我们踮起脚尖，就更能接近温暖的阳光。晚安，我的微友！

◆ 任何的束缚和限制，其实都是自己的内心所制造的藩篱。晚安，我的微友！

◆ 生活是一种磨练，让我们越发成熟。晚安，我的微友！

◆ 脚踏实地、言行一致是获得成功的基础。晚安，朋友！

◆ 想要自己睿智起来，就一定要有无穷的定力，定力不够会让自我浮躁起来。晚安，我的微友！

◆ 时间让我们稳重成熟，空间让我们逐步成长。晚安，朋友！

◆ 坚持是一种勇气和智慧，但过分的坚持是一种固执，固执只能在生活中碰撞得满身是伤。晚安，朋友！

◆ 受伤的时候，告诉自己一切都会过去，明天的生活依然要继续，也许会更为美好。晚安，朋友！

◆ 人生从没有彩排，所以要认真活着。晚安，朋友！

◆ 以爱自己的心去做事，以感恩他人的心去做人。晚安，我的微友！

◆ 只有珍惜了今天所拥有的一切，明天的我们才会更加富有。晚安，我的微友！

◆ 努力学习也许不一定成功，但不学习，相信一定不会获得成功。晚安，我的微友！

◆ 经验，只是一种负债，唯有持续不断的学习，才是我们人生最为宝贵的资产。晚安，朋友！

◆ 很多人不是没有用，而是从没有寻找到合适的舞台让自己发挥出作用。晚安，朋友！

◆ 只有心中有了想法，才会有进一步做事的计划，计划定了，就要坚定不移地去实施它。晚安，朋友！

◆ 看好我，就大胆地跟着我来，一起加油。晚安，我的微友！

◆ 做人要低调，做事要高调。晚安，我的微友！

◆ 勤勉是好运诞生的摇篮。晚安，我的微友！

◆ 很多时候，我们害怕挫折，其实挫折是我们迈向成功所需要缴纳的学费。晚安，我的微友！

◆ 忘记昨天的烦恼，正视今天的艰辛，迎接明天的辉煌。晚安，我的微友！

◆ 学习这件事，很多人缺乏的并不是时间，时间不够，那不过是借口，更多的则是缺乏勤奋的努力。晚安，我的微友！

◆ 忙碌一天了，又到了睡眠的时间了，请把一天的烦恼丢弃，静静地享受夜晚的美妙，愿美梦能够一直陪在你身旁。晚安，朋友！

◆ 放宽心怀，放松精神，释放压力，睡眠才会安然，在如此安静的夜晚，要让自己有一个美好的心境，快快乐乐地做梦，安安然然地入眠，祝你晚安。

◆ 宁静夜，月儿圆，传递我，小祝愿，祝福你，美梦甜，好梦蜜，佳梦圆。

◆ 辛苦的一天工作结束了，美丽的心情悄悄来到，希望朋友你能够赶走压力和烦恼，绽放轻松的微笑，我的关怀也要记牢。祝你晚安。

◆ 听一首舒缓的乐曲，将心情慢慢调理；轻轻喝一杯咖啡，连同烦恼一起去掉，希望你睡个好觉，祝你一切都好！

◆ 一天忙碌辛苦了，回到家里请好好放松，洗个澡，铺好床，今晚做梦逢周公，养足精神，明天依然是一个快乐的我。祝你晚安！

◆ 虽然很忙，很累，但是我还一直惦记着你，呵呵，亲爱的朋友，晚安，好梦！

◆ 今夜有梦，请接受我真诚的祝福，祝你睡一个好觉！

◆ 安静的夜晚是如此美好，传递问候问声好，希望你天天开心心情好，美梦多多，失眠全消，精神饱满开始新一天的工作。晚安朋友！

◆ 画一个大大的圈圈，请你把所有的烦恼都扔进里面；泡一杯清茶，香气之中帮你把劳累和紧张都赶跑；撒一张小巧的渔网，把你夜晚的梦境都捕获。晚安朋友！

◆ 知道你最近很忙，但是再忙也要照顾好自己的身体，劳逸结合，该放松的时候就要放松，祝你晚安，好梦。

◆ 青春的梦想依然不曾褪色，暂时的失落、烦恼又算得上什么，相信自己，相信美好的明天，做一个好梦，梦里和开心手握手。晚安朋友!

◆ 这里是“今夜好梦”广播电台，你的朋友为你点播了醉人的催眠曲，希望能够为你送去宁静，温馨，祥和。晚安，好梦!

◆ 睡前听一首舒缓的音乐，静静入睡，告诉自己醒来又是一个艳阳天。祝今夜睡好觉，做好梦!

◆ 睡前读一本温润心灵的好书，为疲惫的身心按摩，然后倦极而眠，梦里有“花好月圆”。祝你晚安!

◆ 月儿皎洁，星儿飘渺，躺在温柔的床上，告诉自己这辛苦的一天又过去了，然后拥着一切的美好入眠! 祝你晚安!

◆ 晚上准时入睡，抛弃一切杂念，睡到鸟鸣自然醒，祝你今晚有好梦。

◆ 无论过去曾经历多么伤痛的事情，到了最后都会悄悄遗忘。因为，没有什么能比得上时光。祝晚安!

◆ 很多时候在遇到孤独和困难的时刻，感觉是如此的无助，但最终我们都挺了过来，没有什么诀窍，也没有任何的捷径，顺其自然、努力奋斗就好。一路从磨难中走来，我们才如此成熟，如此坦然，面对得失付之一笑。所以任何时候不能怕、不要怕，敞开心扉去迎接未来的美好。祝晚安！

◆ 心简单了，世界也会变得简单起来；内心能够做到自由了，生活才会顺风顺水，快乐始终围绕着我们。祝晚安！

◆ 珍惜今天，珍惜现在，不论明天是风是雨，做好自己就行了。祝晚安！

◆ 生活中有一个懂你的人，这就是人生最大的幸福，这就是知己。真正的朋友，是能够走进你心灵深处的那一个人，能看懂你内心活动的一切，所以，遇到了请珍惜。晚安，好梦！

◆ 我容易感动，也容易满足，真心对待身边的每一位朋友，感谢我的朋友圈中有你们默默的支持，在今夜静谧的时光里，希望你今晚有好梦。

◆ 相信有阴影的地方，就必定有光。所以，在人生最为困难的时候不要放弃，努力前行，一定可以拥抱和煦的阳光。晚安，好梦！

◆ 时间告诉你，你已经长大了；但梦想又告诉你，你还要有一颗童心。祝我的微友，晚安，好梦！

◆ 一个人相信什么，就会看见什么，梦想永不会褪掉它靓丽的色彩。晚安，好梦！

◆ 什么是真正的朋友呢？真正的朋友彼此相处，即使不说一句话，也不觉得尴尬，就如你和我一样，呵呵，晚安，好梦！

◆ 当你陷入人生的困境时，不要自怨自艾，也不要自卑自弃，记住，只有微笑才最有力量。晚安，好梦!

◆ 今天的你不努力，明天的你也不去努力，那么你的人生就像白开水一样寡淡无味，在奋斗的年纪中千万不要丧失了安逸。晚安!

◆ 生活中有很多不公平，抱怨没有任何用处，努力向前去超越这些不公平。晚安!

◆ 谁也把握不住当下，飞逝的时光没有人可以留得住。过了今天，无论你愿意与否，都将成为如烟的往事；不学会珍惜，那么一切都将转身即逝。所以，在时光的缝隙里，腾出空间，给精神留一块愉悦舒适的休憩之地。晚安!

◆ 很多人认为降低底线可以得到一些东西，然而实际上却不是这样，只有坚定了底线，它才能最终决定你能够得到些什么。底线就是原则，放弃了原则，你所得到的，也就不是你梦寐以求的东西了。晚安!

◆ 很多时候对你说晚安，不一定代表我要睡了，而是我担心你睡得早了，就会收不到我的晚安。呵呵，晚安，好梦!

◆ 我不快乐，也不悲伤，日子从容但又无比充实，这就是我所想要的生活，安稳地睡，安心地活。晚安!

◆ 很多事情就好比是旅行一般，当下定决心准备出发之时，就会发现最为困难的那一部分，其实早已完成了。祝我的微友，晚安，好梦!

◆ 身边有很多的朋友并不是炫耀的资本，真正可以炫耀的是，当你遇到困难的时候，还有几个真正的朋友对你不离不弃。祝我的微友，晚安，好梦！

◆ 忙了，就要注意休息；不高兴了，不要忘记了微笑；累了，还要告诉自己再坚持；伤了，也不能丢弃信念。因为明天的太阳还是照旧升起，自己选择的路，就必须坚定地走下去，走出活力和精彩。晚安，好梦！

◆ 微笑是一种发自内心深处的真诚；朋友是心与心的相守；金钱只是物质生活的一部分；生活不需要盲目的攀比。晚安，好梦！

◆ 坚持，赶路，有时是你一个人的事；吹风，听歌，有时世界都跟你没关系。春去秋来，人来人往，你的怪癖好像没人懂。遇见前你生活在孤岛，走出去才发现真的有人会和你喜欢一样的东西，有同样的怪癖。人生是一场阴差阳错的好运气，呐，原来你也在这里。——卢思浩。晚安，好梦！

◆ 无论精神多么独立的人，感情却总是在寻找一种依附，寻找一种归宿。——路遥《平凡的世界》。晚安，好梦！

◆ 你不能干涉别人的人生，就算是为了对方好。这是他的人生，只有他一个人能决定他的人生。你必须顺应事实，放手成长，你没有必要医治好在成长路上与你擦肩而过的每个人，即使你成为最顶尖的医生，也做不到这样。————马克·李维《偷影子的人》。晚安，好梦！

wei shang siwei yulu

24

微商思维语录

◆ 做微商，端正思想是第一步，思想正确了，信心才会强大起来，方向也会更加明确。

◆ 微商作为一种借助自媒体平台而进行线上销售的商业模式，其产品推广活动既有传统商业推广的共性，也有其自身的独特之处。

◆ 做微商，应具备信任思维，明白有信任才有成交的道理，从而在这个基础上打造和目标客户群强大的信任关系，以信任来作为联系彼此的情感纽带，取得销售工作的跨越式发展。

◆ 以信任立身，以信誉立德，做产品也是做人品，打造坚实的信任基础，微商工作自然能够全盘搞活。

◆ 信任是人际交往过程中一条重要法则，正如古语所说："言而无信，不知其可。"一个人连最基本的诚信都做不到，其人的品行和做事背后的动机都值得人们高度怀疑了。

◆ 没有信任，就无法完成产品的有效销售，靠欺骗将产品销售出去，难以获得长久的生存，没有信任的商业活动只能是死路一条。

◆ 微商，没有强大的信任法则作为营销活动的保证，破坏了信任基础，那么也就别做了。

◆ 从事微商，要充分利用信任基因，以个人强大的社交平台为信任基石。

◆ 微商朋友圈，天然具备了熟人关系这一信任基因，因此在销售方式上，先付款后发货才被大家认可接受，这也是微商区别于其它商业模式的重要之处。

◆ 微商的本质是一种商业买卖关系，必须建立良好的信任关系，其中良好的沟通、互动活动必不可少，沟通、互动越多，彼此的信任关系越牢固。

◆ 沉下心来打造坚实的信任基础，以信任促成成交工作的完成，对方认可了产品背后的人，肯为微商的人格魅力买单，订单成交也就自然而然了。

◆ 做微商，要有先进的思维理念。

◆ 以“碎片思维”来占领消费者的“碎片时间”，是微商非常值得关注和重视的地方。

◆“碎片思维”是对“碎片”概念的一种延伸和扩展，使之具备拟人化、形象化的特征，并根植到我们的头脑之中，这样有助于微商更好地理解、掌握和运用消费者的“碎片时间”。

◆ 思维是行动的先导，有思维才会有下一步的行动。

◆ 微商应当以“碎片化思维”这一理念来指导自我的营销活动，想方设法让消费者接受我们的营销内容，影响用户决策和选择过程，使之逐步喜欢上我们的产品。

◆ 将营销信息碎片化，以适应新媒体发展的客观要求。

◆ 将产品信息和营销内容“碎片化”，并使这一“碎片化”符合消费者的个性化需求，然后将其植入到自媒体之中，全面占领消费者的“碎片时间”，以达到有效传播的营销目的。

◆ 做微商，要认识到信息流动的重要性，树立播传思维，扩大品牌信息的裂变速度，是获得成功的重要手段。

◆ 以社交媒体为平台，打造一批忠诚用户。

◆ 通过忠诚用户在微信圈、微博上发起转发、评论活动，进而使得品牌信息播传以裂变的态势扩散出去。

◆ 播传的内涵是产品信息有值得扩散的价值和意义，缺乏高度认同的产品，没有用户关注评论，显然这种情况下的播传活动无法有效展开。

◆“品味虽贵，必不敢减物力；炮制虽繁，必不敢省人工”。“产品思维”的实质就是过硬的产品质量。

◆ 时代的发展如同大浪淘沙一般，在沉沉浮浮之中演绎了许多兴衰成败的品牌故事。梳理无数品牌所走过风风雨雨的路径，不难发现，品牌的生存必然要和时代潮流同频共振，落后于时代潮流，淘汰便成为了品牌不可避免的历史宿命。

◆ 陈旧的“品牌思维”，依靠品牌来聚拢人心的时代早已一去不复返了，时代发展的客观要求促使“产品思维”登上了营销这一广阔的舞台。

◆ 没有过硬的产品质量，就没有长盛不衰的产品品牌，这就是

“产品思维”所折射出来的大道理。

◆ 树立“产品思维”，也是时代发展的必然要求。只有树立“产品思维”，以打造精品为方向，才能够使产品信息的播传成为现实。

◆ 做微商，必须有敏锐的头脑去观察时代的特征，改变那种单纯依靠狂轰滥炸的广告效应来达到营销目的的做法，一切以产品质量来说话。

◆ 不要刻意采取炒作的营销方式，这种做法有害无利，久而久之会让我们失去一大批忠实客户，单纯依靠炒作之路势必不能够长远。

◆ 产品以高度个性化为营销方向，满足不同目标客户群的需要，营销工作才能搞得风生水起。

◆ 转变观念，以服务提供商为发展目标，以“迭代思维”为导向，形成产品系列，确保有效的市场占有率。

◆ 在第一代产品基础上，沿着技术或质量路线进行研发工作，以使产品的各项性能得到完善和提升，如此便形成了一代、二代、三代这样的一个产品系列，从而构建出一个完整的产品链条。

◆ 产品品质是企业获得市场地位和必要利润的前提，没有一个好的产品品质，就难以激发消费者的购买欲望，微商必须将现有产品的品质做到极致。

◆“迭代思维”理念指导下的产品开发，更系统、更完善。

◆“迭代思维”下的产品不以一时利润追求为目标，其目光和战略思维更为长远。

◆“迭代思维”，就好比是种树一样，第一棵树也许需要花费较大精力，然后形成规模效应，植树成林，构建一整套“生态系统”以影响市场“气候”，如此营销目标的实现也就指日可待了。

◆拥有“钢丝”，就意味着旗下产品拥有了一批铁杆支持者，将能够良好地实现使用“情怀”概念来营销产品的目的。

◆从“粉丝”到“钢丝”，所变化的不仅仅是词语的名称，更为重要的是，它代表着消费群体一种思想观念的转变，这一类群体从感情上更认同企业的产品，行为上与企业产品荣辱与共、进退一致。

◆一旦产品有了忠诚无比的“钢丝”，其所带来的正面营销效果将

是空前的，对产品的成长和市场占有份额等诸多方面产生不可估量的积极影响。

◆ 信任这种情感来源于人与人的沟通和交往活动，而不是产品本身。因此应以信任为纽带，打造强大人格魅力。

◆ “物以类聚，人以群分。”善于组建和培育社群，就好比是提纲挈领一般，纲举目张，从而事半功倍。

◆ “社群思维”，实质上是将具备相同理念、有着共同爱好的人士集合在一个组织之内，在组织内部展开多种形式的交流和沟通活动，以实现组织者组织社群的目的。

◆ 以各种媒体社交平台为基础，创建社群。

◆ 在移动互联网时代，随着新型媒体的出现，营销信息播传的重点已经从单个的个体转移到社群身上。

◆ 社群成员一旦喜欢上我们的产品，他们就会自动成为我们播传的媒介和渠道，他们在社群内部所具有的强大影响力和推动作用，以“意见领袖”的身份出现，所以他们的一言一行都无不关系到我们产品的播传力度。

◆ 缺乏社群组织的必要支持，而去面对庞大但无法获知对方是否有购买情趣的人群，我们的营销工作就好比是“盲人摸象”一般，无目标、无方向、无重点，最后时间和精力都浪费了，而成效却微乎其微。

◆ 社群的组建，使得产品销售一方和消费者之间建立起了一条沟通顺畅的通道与平台，这种连接上的便利性极大地节省了用户的选择时间，其影响力非其它渠道所能够替代。

◆ 对产品售卖一方来讲，社群组织的建立比产品市场的细分更为重要。

◆ 移动互联网时代，市场的更新速度是如此之快，市场细分这一手段就显得有些滞后了。

◆ 组建和培育必要的社群，以吸引同质客户参与进来，将能够极大地推动和提升产品的销售效率。

◆ 参与思维，实质上是一种互动营销体验，以产品全新的定位为抓手，打开销售工作新局面。

◆ 从事微商，必然要让自我树立“参与思维”，以参与激发兴趣，以参与带动消费。

◆ 在产品的选择上要以有兴趣为目标，以此吸引消费群体的关注度。

◆ 吸引消费群体参与进来，必然要让自己所代理的产品能够激发大家的兴趣，以抓住顾客的“眼球”为重点。

◆ 以个性化的创意来达到销售的目的。

◆ 产品销售讲究一个关注度，而创意则是提升关注度的有效方式。

◆ 裂变思维是一种外向型的扩展思维，以流程渠道和工具为载体，实现产品信息迅速、广泛传播的目的。

◆“裂变”是事物一分二、二分三、以至于无穷的一个过程。但相对于变化而言，裂变在事物的性质或状态上具有质的飞跃，是指事物的分裂变化呈几何级的递增状况。

◆ 事物具备了裂变的态势，才能够使得传播范围、传播空间以及传播速度发生翻天覆地的变化。

◆ 从实质上看，做微商的前提是能够最大程度地推动产品信息的播传范围，使之能够在短时间内被目标客户群所熟知，因此裂变思维在微商营销手段上具有其它传播模式所不可替代的重要作用。

◆ 重视人的分享和转发力度，形成裂变效应。

◆ 微商的社交平台上，朋友圈是裂变的一个重要领域。

◆ 一个朋友圈有一千个好友，采取措施推动他们积极参与到分享和转发方式上面，如此一变十、十变百、百变千万，几何级的递增态势一旦形成，其裂变效应便能够得到充分的发挥了。

◆ 以流程传递来实现裂变效应。

◆ 产品信息的传递离不开特定的流程，而流程传递又可以分为两个方面，一是分享；二是代理。

◆ 借助特定的工具来实现裂变的目的。

◆ 产品信息的播传不可能凭空进行，它需要一定的媒介和载体，而借助特定的工具进行传递，无疑也是一种效果良好的播传方式。

◆ 裂变思维是一种外向型的扩展思维，它要求相关人员以灵活的头脑和敏锐的观察力，借助特定渠道和工具以高效的方式将产品信息播传出去，最终形成一个完整的移动互联网裂变性质的播传系统，实现所期望的产品信息裂变式扩展。

◆ 微商也需要社交，要明白我们不仅仅是在卖产品，更为主要的是在做人品，以人品社交促进产品销售，这才是“社交思维”的实质所在。

◆“社交”一词密切反映了人与人之间紧密交往和联系的程度，同时也是人这一个体情商的重要体现。

◆ 一个人会不会社交，既能体现出其人脉关系的大小多少问题，也可以在另一方面决定其日后事业的发展空间。

◆ 将“社交”一词移植到微商行业上，更多的是一种概念上的同类借代。

◆ 微商经营活动的落脚点在于人，所经营的也是人与人之间沟通交流的互信关系，一旦没有了人这一媒介和载体，那么微商这一商业模式也就失去了其存在的意义。

◆ 移动互联网时代，各种新媒体层出不穷，人人都能够以手中的移动终端设备参与到商业流程中去，过去那种依靠“平台为王”的传统商业结构已然遭受到了严峻的挑战。

◆ 随着自媒体的兴起，以社交为连接渠道的新型商业生态系统正在逐步形成，这一切都要求从事微商的人士能够树立“社交思维”，以社交互动方式来赢得商业战场的胜利。

◆ 移动互联网时代，一切移动终端的参与者都是现实而具体的人，而每一个人都有自我个性化的需求。

◆ 产品营销环节，客观上要求产品具有高度个性化的特征，以适应消费群体不同的消费需求。

◆ 从事微商的人士一旦学会熟练运用“社交思维”去指导自身的商业实践活动，其所能取得的良好效果将显而易见，必然会全面改变传统电商依靠销量或用户评价为播传方式的旧有做法。

wei shang ziwojili yulu

25 微商自我激励语录

◆ 做微商，最为重要的就是坚持、坚持、再坚持，必须有持之以恒的毅力。

◆ 生活中遇到他人讽刺你的时候，静下心来想一想，究竟担心不担心，输起输不起。只要认定了正确的目标，就不要害怕，也不能后退，更不可犹豫徘徊，苦了累了也要告诉自己要挺住!

◆ 羡慕别人成功的时候，问一问自己是否已经为了梦想而拼尽全力了!

◆ 身处在这个社会中，没有十全十美的环境，那些思维消极的人，其行动往往会受到环境的控制，而思想积极的人，却能够反过来控制住环境。

◆ 世间什么最能让人感到快乐呢? 想来其实就是在经过一番拼搏和努力之后，那些曾经梦想的目标和理想在眼前渐渐清晰起来。

◆ 脑海中有清晰目标的人一直在不停地奔跑，而没有任何目标的人其生活没有任何一丝生气，因为心中从没有想过努力奋斗这些字眼。

◆ 有目标的人懂得感恩，没目标的人只知道去报怨不休；有目标的人总是感觉时间不够用，而没目标的人却一直睡不醒。生命只有拼搏出来的精彩，没有等待中的辉煌!

◆ 花开花落，潮起潮落，人间的道路一直弯弯曲曲，不会笔直平整，所以想要成功，就必须有充分的思想准备，期间必然要经过一番风雨波折的过程。

◆ 任何时候，都要让自己有充足的信心，能够坚定不移地走下去，即使前方的道路再崎岖，但也会见到光明。耐得住寒冬，才能去迎接生机勃勃的春天。

◆ 在人生这一大海般旅程中，每个人虽然不能够掌握风力的强弱，但是却可以去调整船帆的方向，让它朝着自己期望的方向奋勇前行。

◆ 勇敢的人，从不会害怕重头再来，而所担心的是没有未来！

◆ 成功是送给那些有准备的人，也是送给那些肯付出努力的人，告诉自己，加油。

◆ 越是伟大的人越是谦虚，越是没有本事的人越能自大。因此，想要成功，先要放下身段，从低调做起。

◆ 年轻的时候学习游泳，感到游泳很难，于是就放弃了游泳，等到需要用到的时候，才发现自己早已过了学习游泳的最佳年龄；求学的时候学习英语，感觉很难也毫无用处，于是就放弃了，等到一份薪酬丰厚但是需要懂英文的工作从你眼前溜走的时候，你才发现英语也曾如此亲切。在年轻的时候越是不愿意学习新鲜的事物，那么在将来的日子里越会让你错过无数动心的人和事，不努力，没有人能够救你。

◆ 当自己感觉很累很累，快要坚持不住的时候，你应当让自己深呼吸，然后闭上一会儿眼睛，在内心深处告诉自己必须要坚持下去，绝不能轻易地否定自己，推翻过往所付出的艰辛和努力。

◆ 有人很颓废，因为感觉自己不会有美好的未来。但，没有人是预言师，能够精准地告诉你未来是什么样子，正如一句俗语所说，关于明天的事后天才知道。因此，请努力，想太多徒劳无功。

◆ 生活，其实就是磕磕绊绊的过程，很多时候我们都要去经历一些不愉快的事情、不开心的日子，但我们不能就由此否定整个生活的美好，不能因为一点点波折挫折而放弃了曾经的坚持，坚定不移的信心，才是成功最为重要的基础。

◆ 纵然没有人为你鼓掌，也要告诉自己必须优雅有风度地谢幕，努力过了，付出过了，你会为自己的认真而感动，总有一天你会发现，得与失反而不那么重要了。

◆ 没有危机其实是最大的危机，满足现状的结果，反而会有一天让你不得不重新去努力争取，记住，一直奋斗在路上。

◆ 意外和明天不知道哪个会先来，所以不要想太多，沉下心来努力就行了。

◆ 生命的长度与厚度不在于能够活得多久，而是在于顿悟的早与迟。

◆ 今天所取得的优势，也许很快就会被明天的趋势所代替，因此，赢得人生的成功，重在能够把握趋势，或者说，把握住社会发展的脉搏。

◆ 学历仅仅代表着过去的一段过程，只有持续不断的学习力才可以代表未来。

◆ 没有脚踏实地的行动，慢慢地懒惰就会在身体中生根发芽；一个人缺乏激情的梦想，渐渐地堕落就会在脑海中扎下根来。

◆ 越努力越幸运，在年轻的时代，不要给自己的懒惰和堕落找借口，你所能够做的，就是努力。

◆ 不要去羡慕别人的成功，没有人可以在安逸的环境中拼杀出属于自我的一片天地；也不要嫉妒别人优秀的才能和学识，那也是人家暗中努力的结果。

◆ 可以欣赏，但不能嫉妒，别人的成功都是努力而来，而我们呢？如果还在懒散而无所事事，最后恐怕连羡慕嫉妒的资格都没有。

◆ 不要去哭穷，没有人会平白无故地施舍给你；不要哭叫又苦又累，也不会有人替你分担一些；靠别人不如靠自己，靠自己只有说服自我去努力，除此之外，没有任何的捷径可走。

◆ 作为女人，要学会做点小事业，有属于自己的一片自由天地，这样做，并不是为了能够从中赚到多少钱，而是可以让自己的人生因为独立自主而充满精彩的滋味。

◆ 任何时候，都要去寻求自我成长的道路，让自己成为一个优秀的人，而等到优秀之后，成功也就不请自到了。

◆ 请记住海底捞员工的宣誓词，送给奋斗中的自己：我愿意努力工作，因为我盼望明天会更好；我愿意尊重每一位同事，因为我也需要大家的关心；我愿意真诚，因为我需要问心无愧；我愿意虚心接受意见，因为我们太需要成功；我坚信，只要付出总有回报。

◆ 不努力，你将一事无成，只有让自己努力起来，你才可以过上自己想要的生活。

◆ 请把你的浮躁放下，把你做事只有三分钟热度的坏习惯改掉，把你缺乏恒心和毅力的行为抛弃，然后静下心来，全心全意做你应该做的事。要明白，越努力，才会越幸运。

◆ 生活是一个起起落落的过程，期间必然要经历无数的波折和困苦，所以选择了努力的方向，就不要担心委屈受苦，也不要轻易地说放弃，自暴自弃更是于事无补。

◆ 与其抱怨眼前漆黑一片，不如点燃一根蜡烛，即使它的光非常微弱，但也代表着希望。不会有人给你光明的未来，能够给你的也只有你自己。

◆ 当你取得了成功之后，无论如何说都没有错！这是因为大家只看到了此时的你在台上的风光以及头顶上的光环！若是你没有取得成功，如何解释都是苍白无力的，因为人们只相信自己所看到的。

◆ 沉下心来好好奋斗吧，不经历挫折就不会顺利，没有遭受过委屈就没有茁壮的成长！——致所有奋斗中的我们！

◆ 每个人总会遇到或大或小的挫折，有很多时候，我们不被其他人所理解，委屈、无助、彷徨、孤独，但无论我们经历什么，请记住，不要去放弃心中神圣的理想，只有耐得住寂寞，才可以看得见繁华。

◆ 走过不懂事的岁月，过了贪玩的年龄，就该好好努力了。选择了正确的方向，就不要在意别人不理解的目光。

◆ 若是你寻找不到一个可以坚持下去的理由，那么你就必须寻找一个可以重新开始的说辞，无论如何，在应该奋斗的年纪里，千万不能安逸享受。

◆ 宁愿被累死在路上，也不愿闲到无聊；宁愿遭受挫折和磨练，也不要躲在自己的小天地中求得一时的安稳。

◆ 奋斗是什么？奋斗是最开始的时候感觉做什么都比较难，但是到了最后，却发现一年比一年容易起来。反过来，不愿意奋斗，每天得过且过，好像很容易的样子，然后到了最后才会发现，一年都比一年难。

◆ 踏实肯干的人，永远能够认真做事；唯有如此，所以才有工匠精神。

◆ 拼一个春夏秋冬！赢一个无悔人生！——致所有正在努力的人们。

◆ 当你睿智了，当你成熟了，当你成为大家眼中羡慕的对象时，你才会恍然大悟，哪有什么时间去患得患失，哪有时间去浪费时间啊。

◆ 人不怕清醒，但害怕清醒之后的堕落。明明知道自己不聪明，但是还从不去学习充电；明明知道时间很宝贵，但依然今天拖明天，明天推后天，就是不愿意早一点将事情做完。正因为如此，你的人生才会如此凄惨。

◆ 人生真正的成功，不在于所取得成就的大小，而在于是否努力过了、奋斗过了，走出属于自己的一片天地，这才是唯一的标准。

◆ 在这个世间，也许每一个人的成功之路都不尽相同，但最终梳理总结，真正的成功是奋斗，是努力，拼搏到感动了自己，你就距离成功不远了。

◆ 横下心来去努力，任何时候都不晚，哪怕你的人生现在是零，依然可以创造出属于自己的辉煌。

◆ 不要只看到你面前的阴影，这是因为你的背后有明媚的阳光。

◆ 很多时候挫折和失败未必是一件坏事，经历过了，超越过了，最后你才可以化茧成蝶。

◆ 人活着就是为了解决前进中的种种困难，唯有如此才能体现出生命的意义，一味的逃避不是办法，迎难而上才可以攀登人生辉煌的顶峰。

◆ 在失败面前，懦弱的人会感到无比的痛苦迷茫；而伟大的强者却可以坚持不懈，直到最后的成功。

◆ 每天都要抽出一定的时间去学习，不要害怕单调与重复，天长日久地坚持下去，想不成功也很难。

◆ 不经历风雨，如何能看到彩虹？梅花香自苦寒来，唯有奋斗才可以领略成功的滋味，多彩而丰富的人生也会向你展开。

◆ 失败和挫折不可怕，只要有不认输的精神和勇气就行，始终让自己有着不断前行的力量，走着走着你就强大了。

◆ 心态积极的人，遇到每一次忧患，都可以从中看到潜在的机会，而那些心态消极的人，则会在每一次机会中，都看到难以解决的忧患。

◆ 生命中有很多不完美的缺陷，但正是这些不完美，才使得生命多姿多彩，所以，不要带着悲观的色调去看待这个世界，否则你会失去很多美丽的风景。

◆ 用信心去不断地激励自我，用勇气将火热的激情点燃，美好的生活只有通过努力奋斗才可以开启，辉煌的未来离不开拼搏和执着。

◆ 不能在习惯中麻木，也不要安于现状，更不能为自己的颓废寻找借口，很多时候我们距离成功也许只有一步之遥，也许再去坚持一下，我们就会到成功的彼岸。

◆ 人生是一场磨难，也是一种修行，是对智慧和睿智的锻造。面对艰难的逆境，勇敢潇洒地走下去，不在乎结果如何，这何尝不是一种领悟呢?

◆ 只有坚强，才可以锻炼出独一无二的你。

◆ 我们当中极少数人能做伟大的事情，但是每个人都可以用崇高的爱去做平凡的事。—— 特蕾莎修女

◆ 你不能把这个世界，让给你所鄙视的人。——安・兰德

◆ 就这样，我不断地更换认识的人，也不断地使自己进入不认识的人们之中去。我既不悲观，也不乐观，只是每天早上睁开眼睛迎接新的一天，一个人努力过下去。——青山七惠《一个人的好天气》

◆ 如果你愤怒，你就呐喊；如果你哀伤，你就哭泣；如果你热爱，你就表达；如果你喜欢，你就追求。不自我贬低，不自怨自艾，走出去，勇敢做自己。——《心灵的力量》

◆ 我们可以不美丽，但我们健康。我们可以不伟大，但我们庄严。我们可以不完满，但我们努力。我们可以不永恒，但我们真诚。——《精神的三间小屋》

◆ 惟有身处卑微的人，最有机缘看到世态人情的真相。一个人不想攀高就不怕下跌，也不用倾轧排挤，可以保其天真，成其自然，潜心一志完成自己能做的事。——杨绛

◆ 既然无处可逃，不如喜悦。既然没有净土，不如静心。既然没有如愿，不如释然。——丰子恺《豁然开朗》

◆ 人的核心竞争力超过一半来自不紧急的事：读书、锻炼身体、与智者交朋友、业余爱好。——王利芬

◆ 热水澡肯定不能包治百病，但我想例外也不会太多。每当我悲痛欲绝，或者神经紧张夜不成寐，或者迷上了什么人却得等上一个星期才能见他一面，我都会意志消沉萎靡不振，这时我就会对自己说："洗个热水澡吧。"——西尔维娅·普拉斯《钟形罩》

◆ 与其在意别人的背弃和不善，不如经营自己的尊严和美好。——可可·香奈儿

< wei shang kehunuanxin yulu >

26

微商客户暖心语录

●●●

◆ 感谢一路有您陪伴我们的成长，在今后的日子里，我们希望能够再次得到您的关心与信任，还有不余遗力的支持，真诚欢迎您能够给我们提出宝贵的建议和批评，我们会以最认真的态度迎接对待。

◆ 真诚和诚信、热心和热情是我们服务每一位客户的宗旨，无论以后市场如何变幻，我们依然会以百倍的努力以及全新的精神风貌为您服务，并以此来回报广大客户的厚爱。

◆ 您事业的成功也是我们的成功，希望与您携手共进，共创美好未来。

◆ 任何时候我们都要对您表示感谢，倾尽微薄之力，相信我们一定能够实现彼此双赢的合作目标！

◆ 一路走来，感谢您的支持和帮助，同时也让我有更多的机会向您请教和学习，也希望我们的合作能够让你事业更上层楼。

◆ 感谢您长久以来的大力支持，也希望今后您依然能够给予我更多的帮助和支持，从而让我在这个行业中可以快速成长。

◆ 美妙的时光，往往可以交织出美好的生活；而历久弥新的岁月，更能荡涤出人生的真谛。寒来暑往的日子，是我们彼此真挚情谊的记忆，感谢有您，我的朋友。

◆ 在此，请让我对您过去一如既往的支持表示衷心的感谢，对您今后的业务与订单，我们依然会以更大的优惠给予关照。

◆ 我们真诚地向您保证，您所下给我们的任何业务，我们都会以能够使你感到最为满意的方式去完成。

◆ 云儿会感谢天，因为天给了它自由飞舞的空间；鱼儿会感谢水，因为水给了它珍贵的生命；苍鹰也会感谢青山，可以让它看到壮丽的山峰；而我则要感谢您，给了我无私的帮助和温暖。

◆ 感谢春，带给我生机勃勃的生命气息；感谢夏，让我可以看到生命的炽烈；感谢秋，让我能够享受丰收的喜悦；感谢冬，让我懂得生命的真谛；当然，还要更应该去感谢您，让我体会到情谊的无价。

◆ 日月丽天，大地才有多姿多彩的靓丽风景；朋友间的肝胆相照，往往让人在孤独的时候感受到无限的温情；感谢您，我的朋友，您的支持和鼓励是我前行的最大动力。

◆ 感谢您长久以来对我们公司的认同，对公司产品的大力支持，没有怀疑地选择和我们公司合作。我们为您的明智选择而欣喜，在多变的市场中，只有您最为懂得我们，也给予了最大的信任。在今后的日子里，我们会忠诚不变地为您提供最为贴心的服务。

◆ 合作这么长的时间，感谢您一直能够保持这一份热情的支持，在今后的日子里，我衷心祝福您事业兴旺发达，生活美满幸福。

◆ 朋友，即使这个冬天再冷，但是也抵挡不住我对您发自肺腑的感谢，您就如温暖的春天一般，始终热情如昔，令人如沐春风。惟愿您天天开心，喜事不断！

◆ 谢谢您的支持，希望有和煦的阳光洒满您前进的道路，还有芳香四溢的花儿在您生活的道路之中处处开遍。在这里我送上最真诚的祝福，希望能够带给您不尽的喜悦，愿您快乐常在，笑口常开。

◆ 走过千山万水，经历无数风雨，无论如何忙碌的生活，我都能感受到您的关心和爱护，感谢有您，也希望您永远开心快乐。

◆ 感谢花，感谢草，感谢您一直以来的长久关注；感谢天，感谢地，感谢在我的创业生涯中遇到了真诚的您。

◆ 雨露滋润大地，爱温暖了无数人的心灵，人海中您我相遇，让我懂得了什么是真正的友情，合作愉快，感谢有您！

◆ 任何时候，我都在心怀感恩之心，感谢让我遇到了您，无论我失意还是得意，您都能不离不弃，这就是珍贵的友谊吧，始终感受到来自于您的无限暖意。

◆ 虽然生活很忙碌，每日里几乎忙得忘记了时间，但是对您，我始终不能忘记，在您的支持和关怀下，我的事业才可以走得这么远，所以只能再次向您表示不尽的感谢。

◆ 感谢阳光，让我们心情开朗；感谢微风，让我们感到无比的凉爽，感谢花儿，带给我们美妙的芬芳，还要感谢您，给予我如此多的帮助和支持。

◆ 一场奋斗的心路历程，一段漫长的人生之路，一杯散发香气的新茶，一个真心真意的好朋友，一份难得的肝胆情。祝福您，我的朋友，祝您事事顺心。

◆ 感谢在我的事业之路上，一直有你的陪伴和帮助，今天，让我把最为真挚的祝福送给您，同时将我最为美丽的心愿许下，希望您所有的愿望都可以快快实现，所有的祈求都可以得到灵验，所有的诺言都能够顺利兑现，所有的幸福都可以感受得到。

◆ 很高兴能够在茫茫人海中和你相遇相识，让我懂得了友情彼此扶持的宝贵，虽然平日里不曾相见，然而您的支持和帮助我始终不会忘记，也真诚地希望您能够开心幸福，快乐每一天！

◆ 茫茫人海中，多一个相知的朋友，多一份珍贵的友情，无疑是一种莫大的欣慰。人生的旅途中，感谢您的陪伴和帮助，愿您开心快乐。

◆ 虽然没有给您送上鲜花，但是我心里却有着对您浓浓的牵挂；虽然不会写作美好的诗句，但是我这里还有真诚的问候；事业不是人生的全部，朋友的友情才最为珍贵，在这里送上我真诚的祝福，祝您工作顺利。

◆ 人海之中，每天都会有无数人擦肩而过，幸运的是让我遇见了您，您也选择了我们公司的产品。这一刻，无须过多的话语，惟愿你能够拥有快乐幸福的工作和生活！

◆ 有一种合作，叫做貌合神离；有一种生意上的往来，叫做坑你没商量；但是您我，一直快快乐乐彼此信任。

◆ 亲爱的合作伙伴，我希望我们的友情如酒，日子越久就越香，在以后的岁月中，共创互赢携手同行；也祝愿您步步高升早登峰，事业顺利幸福在！

◆ 最贴心的是轻轻的问候，最长久的是珍贵的感情，最迷人的是彼此的鼓励，最感人的是朋友间的扶持，感谢一路有您，也希望您在紧张的工作学习之余，可以收到我送您的祝福，您的开心快乐就是我的开心快乐！

◆ 缘份，需要长长久久的相识相聚，朋友，需要生生世世的牵挂和鼓励，人以真实的性情为美，友以宝贵的帮助为贵，无论您身在何处，我都希望您永远幸福快乐。

◆ 感谢彼此的相遇，让友谊的船儿扬帆起航；感谢您的关怀和支持，让我们的梦想找到了方向；找到了落帆的愿望，你的友情是青青的枝，寒冬过后更有浓绿的新意，我会一直用真诚之心来小心呵护这份难得的情谊。

◆ 您对产品的好感和满意，一直是我们持续不懈的努力和追求，如果在产品使用过程中有什么问题或建议，请直接联系我们，我们将以最为优质的服务，积极妥善地帮您完美解决。祝您生活愉快，事业顺利！

◆ 感谢亲的光临购买，希望我们再次有美好的合作！请您相信，我们始终在努力，若是有不周到的地方或失误，也请您多多体谅，我们一定负责到底，直到您满意为止。

◆ 感谢亲的光临和惠顾，真诚希望下次能够为您提供更为优质的购买服务！如果您感觉我们的产品和服务都非常不错，还希望您能够将我们推荐给您的朋友们；有什么合理的建议和想法，也一定要告我哦。

◆ 感谢亲的光临！非常荣幸和您合作，在以后的日子里，我们一定会以更为优质的服务，为您带来无限的惊喜！

◆ 产品使用中有任何不满意的地方或者是合理化的建议，请您直接和我们联系哦，也感谢您能够添加我们为好友，这样以后联系会更加方便。

◆ 感谢亲的好评和信任，授人玫瑰，手有余香，您的好评是对我们服务工作的最大支持和鼓励，也是对我们产品质量的最大信任，更是我们不断前行的动力源泉！

◆ 再次感谢您的光顾，期待着以后还能和您开展更多的合作和往来。祝您生活愉快、万事如意。

◆ 您的支持是我们不断成长和发展的重要基石，也是我们能够为客户提供优质服务的源泉动力所在。

◆ 我们的产品得到了您的肯定和信任，这让我们有了做好产品质量的更大信心，若是有不周到的地方还请您多多谅解，再次感谢您的购买。

◆ 感谢您对我们的厚爱与支持，更要谢谢您对我们产品的肯定，这是一种莫大的信任，在今后的日子里，我们会一如既往地做好服务工作，您的满意也让我们倍感快乐。

◆ 谢谢您的支持，您的满意让我们感受到了无限的欣慰。我敢打包票说，您的眼光和选择没有错，我们的产品一定能够给您带来全新的体验和改变！

◆ 记得要学会多爱自己一点，也要用心去爱生活哦！欢迎您下次再次光临，也祝您生活愉快，笑口常开！

◆ 亲爱的顾客，感谢您对我们公司产品的支持与信任，虽然您只有简简单单的几句赞美，但对我们来说，却胜过千言万语，您的满意就是对我们最大的支持，也是我们努力做好产品的最大动力！

◆ 我们这里会经常开展一些专门针对老会员的种种优惠措施，希望您能够在闲暇之余多多关注、多多捧场哦！期待您的再次光临购买！祝您好运！

◆ 亲爱的客户，非常感谢您对我们的产品做出正确合理的评价和赞美，也更加感谢您对本店的信任与支持，您的肯定让我们充满了更多的动力，在以后的日子里，我们会为您提供更为专业的服务，也真诚期待您的再次光临！

◆ 谢谢亲能够选择购买我们的宝贝，如果您感觉有非常好的使用体验，那么希望您能够多多分享一下您的心得和感受吧。

◆ 亲，我们这里保证产品质量，提供最为优质的服务，亲您可以放心购买使用哦。祝亲购物愉快。

◆ 尊敬的客户，是您给予了我们强大的信心和力量，在您长久以来的关心和支持下，我们也才能够以自身优质的服务、过硬的产品质量，从而赢得了良好的市场信誉，再次谢谢您的信任。

◆ 感谢有您，您的理解和信任，是我们前行的强大动力，您的关心与支持，是我们奋斗的不竭源泉。

◆ 真诚希望您依然像过去一样，继续热心地关注我们，参与到我们产品的质量和服务改进意见中，我们将会认真地对待。

◆ 在今后的日子里，我们还将一如既往地给您提供最为优质的服务和过硬的产品，真正实现我们双方互惠双赢战略合作目的。

◆ 我们非常珍惜在以往的岁月中，和您所建立起来的这种长期友好的合作关系，再次感谢您，也期望继续得到您的支持和帮助！

◆ 在这一年之中，我们所取得的每一点进步，每一个成功，都离不开您的关注和信任，支持和参与。我们也真诚地希望，希望您能够不吝赐教，向我们提出最为宝贵的合理化建议。

◆ 任何时候，我们都会以诚心、诚信、真诚以及热情服务好每一

位客户，只有客户的满意，才是我们努力下去的动力，也是公司目标永恒的追求！

◆ 在今后的合作中，我们将一如既往地继续为您提供最为真诚的服务，没有最好，只有更好，始终是我们矢志不渝的产品质量理念。

◆ 不需要什么华丽的语言，不需要什么豪言话语，对我来说，您的支持和帮助我只能用感谢两个字来形容，而且在任何时候，这份感谢都不会减少一分。

wei shang kehujili yulu

27

微商客户激励语录

◆ 最害怕听到这样一句话：等我以后老了再考虑保养的事情吧！是的，每个人都会保养，但是要选择对时间，等你老了之后的保养就不是保养了，那叫做维修！

◆ 当你使用我们的产品之后，突然发现自己变得又瘦又好看了，工作和生活也因此更加开心快乐了，你会发现你的眼光和选择没有错。

◆ 老板能够给我们提供的只是一个位置，难以给我们一个美好的未来。所以，抓住机会，果断出手，不要等后悔的时候感到心痛。

◆ 产品不是没有用，而是您根本没有去用。

◆ 年轻是如此美好，也只有在这个年纪中，我们才可以去编织最为美好的梦想。

◆ 不要斤斤计较花了多少钱装扮自己，要算一算自己的青春还有多少。

◆ 女人，想要留住青春，就要敢于保养、舍得保养，不为别人，只为自己。

◆ 不要看低自己，每一个人都是那么的优秀，关键是，敢不敢逼自己一把。

◆ 原先看不惯的，现在习惯了，不是对方在变，而是我们的思想和观念在变，因此请尊重每一个有着创新思维的人。

◆ 投资，会有风险，但没有风险就没有利润，四平八稳是平庸。

◆ 共同进步，合作共赢，必须先从思想上改变自我。

◆ 精明人看到朋友圈，发现里面处处是商机；土豪看到朋友圈，感觉是购物的天堂；而屌丝看到朋友圈，眼中都是让他自己不胜其烦的广告。思想决定境界，思维主宰认识。

◆ 成功依靠的不仅仅是关系，更是一种无所畏惧的拼搏精神。

◆ 我不嫌弃你最开始代理的时候拿货不多，只要肯努力，一定会越来越好。

◆ 很多客户唯恐产品太贵，但请记住，一分价钱一分货，老祖宗的话语总是充满着哲理的智慧。

◆ 有人贴一个手机膜就要几十上百，但自己使用面膜，总是算计来算计去，难道你的脸还没有一个金属手机值钱啊！

◆ 你要产品质量过硬，我做到了；你要规定时间内送货上门，我做到了；你要完善的售后服务，我做到了；但是你要便宜，这个我做不到。

◆ 不要轻视微商，这是一个观念大小决定致富能力高低的时代，不论你在意还是不在意，相信不相信，社会发展证明了一切。

◆ 要不要保养，别问自己的老爸老妈，在他们眼里，你始终最美；也别去问自己的老公，只要你省钱，你就是最美；没事问问镜子，不美颜，不说谎，最诚实。

◆ 你总是害怕贵，担心产品质量不过关，但我只能说，你就是从不担心自己不漂亮。

◆ 你买或者不买，我的产品一直都在大卖，只是，我的忠实客户都慢慢变美了，也更有魅力了，只有你，却在渐渐老去。

◆ 不要害怕保养，不要担心花钱，在最美的年纪里，应当让自己留下最为美好的回忆。

◆ 很多女人喜爱素颜，可是你有素颜的资本吗？爱惜自己，从现在开始。

◆ 该买就买，该保养就保养，活出自我的精彩和骄傲。

◆ 不要害怕打开朋友圈都是微商的广告，起码，说明他们很上进，有激情、有梦想。

◆ 什么都担心，什么都害怕，我觉得你不适合做微商，你适合的是做梦。

◆ 不要让自己遗憾，跟着我干我让你赚，不跟我干我让别人赚了给你看。

◆ 我们的门槛低，但我们的逼格高，不懂的地方我们免费教，只要你愿意伸出双手，我们就敢带着你超前大步奔跑，去迎接辉煌和骄傲。

◆ 要相信自己的眼光和判断，有时候简单的知觉就会告诉我们，我的选择没有错。

◆ 能够购买我们的产品，是我们的荣幸；产品能够给你带来理想的效果，也会让我们感到无限的快乐。

◆ 我们的产品不比价格，只比质量；我们的产品不比宣传，只比服务。

◆ 我们的信念是：始终真诚服务到永远。

◆ 选择我，就跟我来，一起合作共赢。

◆ 我很佩服有些人，敢于勇敢地去尝试，这要比那些从不去尝试的人好上许多倍。

共同爱好、价值观社群.

◆ 空谈只能满足于一时的得意，想要取得成功，必须脚踏实地，努力奋斗。

◆ 认为选择对了，就要毫不余力地去争取、去追求，追求你应当得到的美好事物。

◆ 诚信不是一种销售，也不是虚无缥缈的承诺，它是一种可贵的品质，是言出必行、有始有终的真诚服务。

◆ 创业要有自己的判断力，选择那些最为适合的生意伙伴。

◆ 做微商，不仅要有激情和创新，更要有良好的团队合作以及持续盈利的模式，而我们正是你所寻找的优质合作伙伴。

◆ 很多人之所以失败，是因为从不敢相信自己，人云亦云，所以一错再错。

◆ 机会永远等不来，需要靠自己去发现、去创造、去争取。

◆ 人之所以能，是相信自己能。

◆ 想常人不敢想的事情，做常人不敢做的工作。做生意，最为重要的是敢闯敢干。

◆ 很多人害怕冒险，其实不冒险才是最大的冒险，我们杜绝平庸，不甘心一直碌碌无为，要去寻找新的利润增长线，从微商中寻求到更多的机会与财富。

◆ 要想知道梨子的味道，就要亲口尝一尝。产品好不好，使用过后才会有正确的评价。

◆ 你一旦习惯了拖延，那么就总会去拖延。认准了目标就要立马去做，不要将最好的时机失去了。

◆ 只有让自己自强、自立、自信起来，你才能够付得起人生所花费掉的账单。

◆ 一个人要获得实在的幸福，就必须既不太聪明，也不太傻。人们把这种介于聪明和傻之间的状态叫做生活的智慧。——周国平

◆ 自己能够把自己说服，是一种理智上的胜利；自己能够感动自己，是一种心灵的提升；自己把自己征服了，说明你已经获得了成功。

◆ 成交只是一个开始，在以后的合作中，您还会感受到我们最为优质的服务和贴心的关怀，相信您始终是我们最为优质的客户。

◆ 合作之前的忧虑无疑是浪费时间，莫不如让我们将其改变为事前的思考和计划吧。

◆ 您就是我们的衣食父母，所以，我们为什么不去用心经营呢?

◆ 客户满意是我们持之以恒的经营目标，请放心和我们合作，您从中得到的不仅仅是产品，更有真诚的服务。

◆ 我们为您正确的选择而骄傲。

◆ 选择了我们的产品，只能说，您很有生活的品味。

◆ 我发现只有我们的产品，才配得上您卓越不凡的气质。

◆ 人生的目标，确定很容易，但是想要实现却很难，然而如果不去行动，那么连实现的可能也没有。

◆ 很多人没有成功，不是他们不聪明，也不是没有大把的时间，而是紧要关头的退缩，因此看似努力过了，其实是一无所有。

◆ 人都要面对两条路的选择，一条路是自己所必须走的，一条路

则是自己愿意走的，而只有你将必须走的路走漂亮，才可以有能力去走你愿意走的路。

◆ 二十一世纪最大的危险就是自我封闭的保守，不敢去尝试，不敢勇于把握住机会，那么永远也别想着成功了。

◆ 若是把自己框定在一片小小的天地中，那么就会连自我的思维和格局也框定住了，如死水一般，再也没有波澜。

◆ 生活中那些没有目标的人，只能听从那些有目标人的指挥。

◆ 下对注，只能赢一次；而跟对人，却可以赢一世。记住，选择很重要。

◆ 人想要成功，除了努力和奋斗之外，还要更注重抉择的正确性。

◆ 思维决定财富，是因为思维能够深刻影响人们的行为方式，只有以思想改变为先导，我们才会以正确的行动投入到商业模式创新的活动中去，在积极的思维变革中赚取应有的利润。

◆ 思维决定行动，行动决定出路。

◆ 坚定的信念是前行的动力，也是拼搏的源泉，告诉自己，任何时候都不会认输，我是最棒的。

◆ 复杂的事情简单看待；简单的事情认真对待；认真的事情重复去做；重复的事情更要有创造性的思维。

◆ 我接受失败，因为这是每个人都必然要经历的一个过程。但我从不会接受没有尝试的人生，因为那样意味着生命的死亡。

◆ 悲观主义者往往在任何机遇中都能够看到困难，而乐观主义者则能从所有困难中看到有机遇的存在。

◆ 是自己的就不要放弃，只有付出努力才有回报。

◆ 产品质量好不好，不用我去说，看看这么多用户的评价就知道了。

◆ 我们都是成年人了，产品性能的好坏总要自己去判断，认准了就果断出手。

◆ 客户刚刚在我这里下了单，存货不多了 ，有需要的朋友赶快说，我好抓紧安排发货。

◆ 别躲了，这个秋天您一定躲不过这款护肤品，想要呵护您的肌肤，那就不要再犹豫不决了。

◆ 产品卖给熟人，不论你压低了多少价格，甚至是甘愿做赔本买卖，但是在熟人那里，你好像挣了他多少钱似的，价格再便宜对方也不领情，宁愿被其他陌生人骗，让别人挣到钱，也从不想着支持熟识的好友。

◆ 相互帮助才能让人脉更为广阔，也才能挣到更多的钱。

◆ 常常听人抱怨说：我的朋友圈中每天都有人在发广告、晒产品，实在是烦死了。其实，你不应当有这种负面情绪，如果有一天你突然发现自己买不起朋友圈中所看到的产品的时候，那么就说明这个时候的你应当去努力奋斗了。

◆ 若是你不经意发现朋友圈中的许多东西都不认识的时候，那么就意味着你应当立即去学习充电了，切忌不要和时代的发展脱节，不能落后于这个社会。

◆ 曾有人对我说："你可是真舍得花钱，竟然要用一千多块的护肤品，花费这么大值得吗？"我想说的是：你明明知道几十块钱的护肤品是垃圾，但是你还要买，看来你才是真的舍得花钱呀。

◆ 长大了，挣钱了，自己赚到的自己花，看到了喜爱的东西就要买，随心所欲的生活会让人更快乐，致所有奋斗中的女人们！

◆ 你必须调整你的思想，你就是boss，你不是跟我在做，我只是你的仓库，而你是boss……

◆ 成功是一种坚持，是一种认准目标之后的无怨无悔，更是一种咬定青山不放松的执着，所以，选择了自己认可的路，就要勇敢地走下去。

◆ 网上非常流行的一句话："别为失败找借口，只为成功找理由。"微商，并没有那么可怕，为什么不敢去尝试一下呢？

◆ 很多人喜欢等待，喜欢观望，一直看到没有危险了才敢下手。但是我们所需要知道的是，没有危险了也就没有利润了。

◆ 微商，已经走过了一段很长的路，再不下手，只能在别人成功的背后自怨自艾吧。

◆ 当一个人不准备下决心努力的时候，无论你如何去帮他都没有任何用处；当一个人不愿意被点燃的时候，无论你如何热心去燃烧对方都毫无作用。

◆ 一切都在自己，想要改变沉闷的生活，必须从改变自我开始。

◆ 不要抱怨你的朋友圈都是做微商的。第一，说明人家非常有上进心；第二，说明我们落伍了，跟不上时代发展了，有梦想、有激情的人，总会取得令人仰慕的辉煌。

chengxindazao yulu

28

诚信打造语录

◆ 给粉丝一个美好的第一印象，促成第一笔交易，是打造诚信微商的开始。

◆ 诚信立身，诚信立商。

◆ 信任是做出来的，不是说出来的。

◆ 一个人缺乏诚信，其一切行为都值得可疑。

◆ 诚信是金，唯有诚信，才可以使得商业活动扬帆起航，直达胜利的彼岸。

◆ 欺骗人只能一时，只有诚信才可以走的更远。

◆ 诚信是最好的财富，适用于一切商业活动和商业模式。

◆ 言而无信，不知其可，微商，必须将诚信的根基夯实。

◆ 以诚待人，人也会以诚回应，这一点，也适用微商客户。

◆ 内不欺骗自己，外不欺骗别人，微商中，诚信是最好的“护身符”。

◆ 想要客户诚信，必先自己诚信。

◆ 做微商失去了诚信，无疑是在自取灭亡。

◆ 诚信和真诚是一对“孪生兄弟”，两者在微商经营活动中都不可或缺。

◆ 很多人自以为非常聪明，其实是自欺欺人，微商营销，来不得半点虚假。

◆ 微商很大程度上是熟人经济，而诚信是维系双方情感联系的重要纽带，无诚信则不立。

◆ 诚信是一种自我约束，依靠的是实实在在的行动。

◆ 诚信如一面镜子，一旦打破，人格就会面目全非。

◆ 诚信，也即诚实和守信，一个是品行，一个是信誉，两者构成立身之本、经商之基。

◆ 从事微商，不能以次充好，不能缺斤短两，不能说话不算话，言出必行，行必果。

◆ 没有诚信，就别指望营销工作能够开出鲜艳之花。

◆ 诚信是个人的一张隐形名片，它才是你真实的自我。

◆ 诚信微商，就是实实在在地去经营，而不是唯利是图。

◆ 微商诚信理念：宁愿让自我受损，也不让客户吃亏，就这么简单。

◆ 一言之信，胜过千金，微商经营者应将此作为座右铭。

◆ 欺骗不能长久，唯有诚信才可永远，值得每一位微商深思。

◆ 微商必须诚信经营，没有信誉就没有客户，这是颠扑不破的真理。

◆ 微商依靠的是互联网平台，基本要素是与客户构建信任。

◆ 微商更适合也更需要运用口碑营销，明白诚信传播的重要性。

◆ 想要给人以诚信，微商名字一定要靠谱。

◆ 名字是诚信的名片。取名，只需谨记一点，要大方得体，切勿雷人雷语。

◆ 取名方式直截了当，让客户一眼就能看明白你代理的产品。

◆ 开场白是诚信心语。微商设置开场白时，要让粉丝感觉到亲切，并体现出粉丝的独特感。

◆ 加大及时互动力度，进一步稳固该品牌在粉丝心中的地位，充分打造信任感。

◆ 微商订阅号导航，虽然点击量不多，但若设置的好，体现诚信理念，绝对让微商更加出彩。

◆ 微商头像设置是用图片向粉丝展示你的身份，头像设置非常重要，以真实为第一。

◆ 产品功能介绍要全面。在“功能介绍”中，用简明扼要的文字写出自身品牌的最大特色和定位，以便第一时间抓住粉丝眼球，给人带来信任感。

◆ 微商做的是传播式营销，是人与人之间的互动传播，诚信是基础。

◆ 微商通过吸引粉丝获得关注量进而提升销售量，粉丝的价值不言而喻，而粉丝需要通过诚信经营获得。

◆ 与粉丝建立良好的互动关系，形成“粉丝经济”，是打造微商诚信的重要手段。

◆ 以诚信为基础，增加粉丝的基数，与粉丝建立粘性关系。

◆ 以诚信为手段，提高粉丝阅读量和转发收藏量，有助于在更大层面上自然增粉，也有助于提高转化率。

◆ 微商营销就是营销视觉和体验，谁的产品视觉和体验更完美、更真实，谁得到的粉丝关注自然就高。

◆ 在整个微商运营中，要时刻加强与粉丝的互动交流，秉持诚信理念，时刻站在粉丝的角度上考虑问题。

◆ 简简单单的一个点赞、一句回复、一个问候，真诚如一，都能有效维护和拉近同粉丝的关系。

◆ 诚信是提高产品知名度的必要保证，能最大限度的吸收更多的粉丝，积累自己的客户资源。

◆ 粉丝粘性等同粉丝的忠诚度，提高粉丝忠诚度最有效的手段就是诚信。

◆ 想客户之所想，急客户之所急，打造信誉营销。

◆ 实施诚信营销，在精细化的基础上满足客户多元化、多层次的目标需求。

◆ 开展丰富多彩的线上线下营销活动，活动要真实有效，以诚信营销吸引粉丝。

◆ 以真诚服务为导向，为客户提供“一站式”的高质量服务以及足不出户的“乐购”模式。

◆ 微商活动中，树立诚信理念、经营诚信产品、加强诚信合作必不可少，全力打造微商诚信品牌。

◆ 一个成功的商人，一定将诚信放在首位。

◆ 最近微信圈流行一句话：我们卖的不是商品，是信任！

◆ 微商活动中，无论何时都必须将诚实摆在第一位，微商们要坚持诚信经营，说到做到，拒绝虚假宣传。

◆ 梳理那些成功崛起微商的案例不难发现，每一个做大做强的微商，都是诚信经营的典范。

◆ 树立诚信理念。微商必须信守承诺，讲求信誉，凡是承诺给客户的必须要严格按照承诺兑现出来。

◆ 经营诚信产品。微商诚信营销更加注重产品的诚信形象，通过树立产品的诚信形象来赢得客户的信任与支持，从而获取利润、打造出坚实的品牌。

◆ 微商在选择渠道的过程中，要遵循市场竞争规律，要讲究商业道德和商业信誉。

◆ 建立与完善诚信售后服务体系，提供细致周到的服务。

◆ 加强与客户的诚信合作，让客户充分了解自己的实力及发展的潜力，培养客户对自我及其产品的信心。

◆ 以诚相待，微商才有可能加强与客户之间的沟通，建立起双向的忠诚度。

◆ 培养诚信文化。诚信文化具有导向、凝聚、规范、渗透和革新的功能，是现代营销成功之本。

◆ 微商应把诚信作为自身的行为规范和共同遵守的价值观念，自觉地开展诚信经营，塑造起坚实的诚信品牌。

◆ 建立以诚信为内容的价值理念，即把诚信的思想体现在每一次营销活动中，在自己代理的产品领域形成倡导诚信、推广诚信、实践诚信的价值体系。

◆ 微商只有敢于责任担当，面对客户不拖延、不敷衍、不推诿，才能铸就良好信誉。

◆ 很多微商骨子里缺少一种责任、担当的精气神。他们只知道销售产品，却忽视了做微商与做人的道理是内在相通的，有责任、有担当永远是人们不可或缺的成功因素。

◆ 要打造诚信品牌，方法策略是次要的，主要是要有培养敢于负责、勇于担当的精神，这样才会达到最好的效果。

◆ 社会责任不可推卸，微商社会责任的基本内涵之一就是以微商为主体参与社会问题的解决。

◆ 责任是诚信的基石。微商除做好自己的本职工作、销售好自己代理的产品、不断传播社会正能量外，还有家庭、自我价值的实现等各方面的责任要担当。

◆ 微商社会责任的重要原则在于自愿、自律和自觉，一个没有“自律”和“自觉”的微商，不能“自愿”地去履行自己的社会责任，那么，他的产品也就毫无诚信可言。

◆ 工匠精神不可缺少。微商不仅是把工作当作赚钱的工具，更要树立一种对工作执着、对所做的事情和生产的产品精益求精、精雕细琢的精神。

◆ 微商，更要具备工匠精神，要不断改进销售方式，用“专、精、迷”的态度对待营销活动，将认真细致上升为自身的价值追求。

◆ 勇于担当铸就信誉。微商不论规模大小、盈亏与否，自身都有着一份责任，这份责任就是微商本身的职业责任。

◆ 微商必须将个人职业当成阵地，敢于承担起这份职责所应承受的风风雨雨，敢于直面这份职责所面临的困难，敢于正视履行这份职责所带来的得失。

◆ 从事微商，要有责任和勇气。面对矛盾敢于迎难而上，面对困难敢于挺身而出，面对失误敢于承担责任，面对假冒伪劣产品敢于坚决抵制，这才是微商的素质与风范。

◆ 微商个人素养高低是自身成败的重要因素，也是打造诚信品牌的关键环节。

◆ 微商个人的素养和能力，构成了代理品牌成长的极限，决定着品牌的兴衰成败。

◆ 微商的发展历程启示我们：那些一步步成长壮大的微商，在个人能力素养上极其出众，素养决定了他们商业发展的高度。

◆ 微商的个人素养能力，是展示代理品牌的“窗口”，也决定了品牌最终的层次和高度。

◆ 善于学习、积极进取、眼界开阔、思维敏捷、自制力强的微商，其代理产品品牌必然能出类拔萃、质高价优。

◆ 学习决定思维和思想。微商善于学习，拥有超强的学习创新能力，才能更具责任心和诚信精神。

◆ 眼界思维成就未来。一个成功的微商不会一窝蜂地代理那些卖滥了的产品，他们永远清楚什么事该做，什么事不该做，只有做对了，才能够立信于粉丝，打造出自我一片新天地。

◆ 优秀的微商要有理性的精神，以诚信立身，不盲从。

◆ 优秀的微商具备批判的精神，能从正反两个方面思考问题。知错就改，勇于改正，这也是诚信的一种体现。

◆ 只要从事社会性活动就需要人脉，微商运营领域更是如此，人脉的积累需要诚信为基础。

◆ 自我反省能力本质上是一种敢于面对失败、自我清零的能力。微商活动是一个不断摸索的过程，其中难免出现失误或犯错，而反省正是认识错误、改正错误的前提，只有勇于正视现实，才会给人留下忠诚可靠的印象，这也是诚信的另一种反映形式。

◆ 除了诚信之外，微商营销作为一种人与人的交流，更应以和为贵，才能和气生财、合作共赢。

◆ “以和为贵，以人为本”理念根源于诚信，是一个微商的基本修养，决定了他的事业舞台前景。

◆ 微商要有胸怀，能经受得客户的猜测、质疑甚至指责，才能赢得客户的信任，成就良好口碑。

◆ 微信营销的本质是交心、交流、交易，所以微商打造信任度是一个系统性工程，非一朝一时之功。

◆ 微商活动中，客户产生信任是由宣传、沟通交流、交易、售后等一系列小细节决定的。只有在小细节上承受小委屈，才能赢得客户大信任。

◆ 在宣传环节赢得信任。产品宣传环节，必须实事求是地宣传，不能随意掺杂虚假成分。

◆ 在沟通环节赢得信任。微商通过对产品涉及领域知识的侃侃而谈，展现出自我的专业素养，这无疑是在为产品做“活广告”，此举更能赢得客户的信任。

◆ 对产品功能的全面介绍，不仅丰富了客户对产品的全方位了解，同时也使得客户无形中增加了对相关产品运营营销的信任和好感。

◆ 在交易环节赢得信任。微商们一定要心平气和，经受住客户的非议、善变甚至无理取闹，不乱发脾气也不恶语相加，采取有理、有利、有节的回应，在张弛有度中赢得尊重和信任。

◆ 在售后环节赢得信任。很多微商认为交易完成后就能高枕无忧了，其实产品的售后服务也很重要，处理不好就会反作用于营销环节，很容易给人留下不诚信的印象。

◆ 在不同商业模式的营销活动中，很多营销人员往往是“一锤子买卖”，这一次顾客购买活动结束就算大功告成，这就是典型的不诚信行为，注定难以走得长远。

◆ 微商运营活动由有着强烈危机意识的微商营销人员组成，总是将潜在客户当作现实客户看待，将新客户当作老客户看待，在诚信塑造上下大功夫。